금강반야바라밀경 강설

금강반야바라밀경 강설

정덕 역주

도서출판

문화문고

머 리 말

『금강경』은 상(相)이 없는 무상(無相)과, 머무름이 없는 무주(無住)와, 묘유(妙有)를 근간(根幹)으로 하고 있다.

상(相)이 없다는 것은 일체의 모든 상은 실체(實體=영원한 생명)가 없어 영원하지 않다는 것이고, 머무름이 없다는 것은 주처(住處)가 없는 마음이다. 그리고 묘유는 어느 한 곳에 정착되어 있지 않는 마음을 자유자재(自由自在)하는 지행(知行)이다. 중생(衆生)이 이것을 깨달아 알면 부처요, 도피안(到彼岸)이고, 모르면 그대로 중생이다.

본래 『금강경』의 참뜻은 글에 있지도 않고, 말에 있지도 않다. 그렇다고 글에 없는 것도 아니고 말에 없는 것도 아니다. 『금강경』의 참 진리는, 글 넘어 말 이전(以前)에 있다. 그러므로 『금강경』은 필설(筆舌)로 설명이 매우 어렵다.

이 경은 보는 이마다 다를 수 있고, 근기(根氣)에 따라 다르게 볼 수 있고, 시대에 따라 다르게 해석될 수 있다. 그러므로 『금강경』의 참 진리는 오직 깨달은 자만 확연히 알 수 있다. 그러나 분명히 알 수 있는 것은 이 경(經)이 중생을 피안(彼岸)의 세계에 이르게 하는 길이라는 것이다.

어떻게 보고 어떻게 해석하고 어떻게 받아들이든, 이 경은 중생을 영원한 안식처(安息處)인 피안(彼岸)의 세계에 늘게 하는 지름길이라는 것이다.

목적지(目的地)로 가기 위해서는 꼭 필요한 것이 길이다.

길이 없으면 아무리 좋은 곳이라도 가지 못한다.

『금강경』은 작은 나를 버려 영원한 나를 찾는 길이고, 영원한 안식처 피안의 세계에 이르게 하는 지름길이다.

인연(因緣)이 있는 사람은 이 글을 보고, 자신의 길잡이로 삼아 발심(發心)을 내어 더 큰 나를 위해 정진할 것이고, 인연이 없는 사람은 이 글이 그저 한낱 한가로운 글자 유희(遊戲)에 불과할 뿐이다. 부디 모두 좋은 인연이 있기를 바란다.

2022년 1월 안성사 정덕 월정 합장

차례

『금강반야바라밀경(金剛摩訶般若波羅蜜經)』 상권

『금강반야바라밀경』은 이 경의 제목이다. 제목의 뜻을 풀이해보면 다음과 같다.

금강(金剛)은 천상천하(天上天下)에 그 무엇과도 비교할 수 없는 가장 견고(堅固)하고 가장 강력한 것을 상징하는 이름이고, 반야(般若)는 지혜(智慧)로, 우리가 알고 있는 삶에서 체득(體得)하는 지혜를 말하는 것이 아니다. 일반적인 지혜는 모두 분별(分別)에서 나오는 것이지만, 불교에서 말하는 지혜는 분별을 떠난 진리(眞理)의 세계(世界)에서 생겨난 혜안(慧眼)을 말한다. 바라밀(波羅蜜)은 피안(彼岸＝이승의 번뇌를 해탈한 열반의 세계)의 세계로, 모든 분별을 떠난 대자유(大自由)의 영원(永遠)히 평화(平和)롭고 행복(幸福)한 해탈(解脫)의 세계인 '아뇩다라삼먁삼보리'(무상의 깨달음) 부처의 세계이다. 그리고 경(經)은 부처님 말씀으로, 중생이 '아뇩다라삼먁삼보리'를 얻기 위한 진리로, 길이요, 강을 건널 때 쓰는 뗏목과 배와 같은 도구이다. 이것이 이 경의 이름인 『금강반야바라밀경』의 뜻이다.

제목의 뜻을 간단하게 정리하면, '금강같이 견고한 대지혜를 얻어 피안의 세계로 인도하는 진리의 길'이라는 뜻이 된다.

누구나 목적지를 향해 가려면 꼭 필요한 것이 길이다. 무엇을 목적으로 하던 길을 이용하지 않고는 갈 수가 없다. 부처님 법(法)도 이와 같은 것으로, 팔만사천대장경(八萬四千大藏經)이 모두 중생이 영원한 행복의 세계, 피안의 세계로 가기 위한 길이고 강을 건널 때 쓰는 나룻배와 같다.

사바세계(娑婆世界) 모든 중생들의 삶의 목적은 영원히 행복해지는 것에 있다. 그러나 사바세계에 영원한 행복은 없다. 사바세계 중생은 오늘 행복했다가 내일 불행해지고, 건강했던 사람이 어느 날 갑자기 불구(不具)가 되기도 하고, 오늘 불행했던 사람이 내일 다시 행복해지기도 하고, 만나면 헤어져야 하고, 태어나면 늙고 병들고 죽어야 하고, 하루 동안에도 극락(極樂)과 지옥(地獄)을 수없이 오가며 육근(六根)에1) 이끌려 육진경계(六塵境界)에2) 빠져 우비고뇌(憂悲苦惱)와 연기(緣起)를 거듭하며 윤회(輪回)의 굴레에서 벗어날 수가 없게 되어 있다. 이것이 사바세계 중생들에게 주어진 숙명(宿命)이다.

중생이 염원(念願)하는 영원한 대자유의 행복을 누리기 위해서는 이 고통의 연속인 고해(苦海)로부터 자유로워져야 한다. 이 고해에서 벗어나는 것을 해탈(解脫)이라고 하고, 고해(苦海)에서 벗어나는 길은 오직 금강(金剛)같이 굳건한, 밝고, 맑은 지혜로, 부처님 경을 의지하여 '아뇩다라삼먁삼보리'를 얻어 피안(彼岸)의 세계에 이르는 것뿐이다.

---

1) 육근(六根): 안(眼)·이(耳)·비(鼻)·설(舌)·신(身)·의(意)의 6개의 감각·인식기관을 말한다. 시각·청각·후각·미각·촉각의 감각과 의식(意識)을 관리함.

2) 육진(六塵): 육경(六境). 곧 여섯 가지 대상으로서 색(色)·성(聲)·향(香)·미(味)·촉(觸)·법(法)의 육경을 말함. 육경은 육근(六根)을 통하여 점수(點水)되어 우리의 깨끗한 마음을 더럽히고 진성(眞性)을 흐리게 하므로 진(塵)이라 한다.

1. 法會因由分(법회인유분) 법회의 인연

如是我聞 一時 佛 在舍衛國 祇樹 給孤獨園 與大比丘衆千二
百五十人俱
여시아문 일시 불 재사위국 기수 급고독원 여대비구중천이
백오십인구

이와 같이 내가 들었으니, 한 때에 부처님께서 사위국 기수
급고도원에서 큰 비구 천 이백 오십 인과 함께 계시었다.

* 이 대목이 『금강경』 첫 구절이다.

여시아문(如是我聞), 즉 이와 같이 내가 들었다는 말은,
부처님 당시에 아난 존자(阿難尊者)가 석가모니 부처님께 직
접 들었다는 말씀으로, 부처님이 열반(涅槃)하신 후 제자들
이 불경을 편찬(編纂)하게 될 때 아난 존자가 주(主)가 되어
부처님께서 친히 하신 말씀을 보고 들은 그대로 기록하므로
'이와 같이 내가 들었다'라고 서술(敍述)하는 말이다.

아난 존자는 속(俗)으로는 석가모니 부처님의 사촌동생이
되고, 제자로 출가해서는 부처님을 열반하실 때까지 곁에서
모셨던 분이다. 십대 제자3) 중 가장 총명한 분으로 부처님

---

3) 십대제자(十大第子)는 석가모니의 제자 중 수행과 지혜가 뛰어난 10명을 가리
킨다. 지혜가 제일인 사리불(舍利佛), 신통력이 제일인 목건련(目健連), 두타
(頭陀) 제일인 마하가섭(摩訶迦葉), 천안(天眼) 제일로 칭송되는 아나율(阿那

법문을 가장 많이 들었고(다문제일多聞第一), 가장 많이 기억하고 계신 분으로 경전(經典) 결집(結集)에[4] 지대한 영향을 미쳤다고 한다. 여시아문(如是我聞)으로 시작되는 경전들은 거의 모두가 아난 존자의 고증(考證)으로 이루어진 것들이라고 보면 된다.

『금강경』 첫 구절인 여시아문(如是我聞)은, 부처님 법문을 내가 이렇게 들었다고 서술하는 말이고, 다음으로 일시(一時), 즉 한 때라는 말은, 지극히 평범한 어느 날로, 과거·현재·미래를 초월한 시간을 말한다. 이것은 깨달음의 관점에서 보면 과거·현재·미래가 존재하지 않기에 시간의 흐름은 의미가 없다. 그래서 그저 한 때라고 한다.

깨달음의 관점에서 보면 시간은 오고가는 것이 아니다. 억겁(億劫)의 시간은 영원히 그대로 있다. 억겁동안 단 0.1초도 가지도 않았고 오지도 않았다. 다만 시간 속에 존재하는 유정무정(有情無情)들의 상(相)의 변화만 있을 뿐이다. 중생들은 이 유정무정의 상의 변화를 두고 시간이 흐른다고 생각한다.

('시간'에 대해서는 하권 '제18 일체동관분' 162~173쪽에서 자세히 설명하기로 한다.)

律), 다문(多聞) 제일의 아난다(阿難陀), 지계(持戒) 제일의 우바리(優婆離), 설법(說法) 제일의 부루나(富樓那), 해공(解空) 제일의 수보리(須菩提), 논의(論議) 제일의 가전연(迦旃延), 밀행(密行) 제일의 라훌라(羅睺羅) 등 10인이다.
4) 결집(結集): 부처님 입멸(入滅) 후 제자들이 그의 가르침을 함께 외워 기억하는 형식으로 모아서 정리한 것.

불(佛)은, 모든 것을 깨우친 부처님으로 석가모니 부처님을 뜻한다. 사위국(舍衛國)은 부처님이 계시던 나라 이름이고, 기수(祇樹)는 나무이름으로, 사위국의 태자, 기타(祇陀) 태자(太子)가 심은 나무라고 해서 기수라고 하고, 급고독원(給孤獨園)은 정사(精舍=사찰)의 이름이다.

본래 이곳은 기타 태자 소유의 기수동산(祇樹洞山)이었는데, 당시에 자선가(慈善家)로, 힘들고 어려운 사람들을 도와주고 구해주던 사위국의 재상(宰相) 수달(須達)이라는 사람이 태자로부터 매입하여 정사를 지어 부처님과 제자들이 수행(안거安居)할 수 있도록 마련한 곳이라고 전해진다.

급고독은 수달의 별명이다. 그리고 비구(比丘)는 스님을 뜻하는 말로, 비(比)는 위의(威儀)를 갖춘 선비라는 뜻이고, 구(丘)는 구(救)한다는 의미로, 비구의 뜻은 '위의(威儀)를 갖추어 몸과 마음으로 불법(佛法)을 구하는 사람'이라는 뜻이다.

'여대비구중 천이백오십인(與大比丘衆千二百五十人)'은, 이와 같은 큰비구승들 천 이백 오십 인이 이곳에 안거(安居)하고 있었다는 말이고, 대비구(大比丘)라는 말은, 여기에 계신 천 이백 오십의 스님들은 모두 아라한과(阿羅漢果)를 증득(證得)한 성현(聖賢)들이라는 뜻이다.

이것이 『금강경』 첫 구절이다. 이 첫 구절에서 우리는 부처님께서 『금강경』을 설하시던 당시의 수행 환경을 대충이나마 알 수 있게 된다.

당시 이 정사에는 천 이백 명이 넘는 많은 수행자들이 한 곳에 머물며 수행하고 있었다는 것과, 이들이 수행할 수 있는 큰 규모의 사찰이 존재했다는 것과, 이분들이 모두 아라한과를 증득한 대비구들이라는 것과, 이들이 한 자리에 모였다는 것은, 많은 사람들이 운집(雲集)할 수 있는 큰 광장이나 공간이 있었다는 것이고, 다음 대목에 나오지만 이들이 하루 한 번 걸식(乞食)을 했다는 것은 주변에 큰 도시(都市)가 있었다는 말이 된다.

유추해보면 부처님께서 『금강경』을 설(說)하시던 곳은, 큰 도시 근교(近郊)의 규모가 아주 큰 정사(精舍)가 된다.

이것으로 우리는 『금강경』을 설하시던 당시 정사(精舍)의 규모와 수행자들의 숫자와, 수행(修行) 정도와, 도시의 크기와 수행 환경을 어림짐작해 볼 수 있다.

爾時 世尊 食時 着衣持鉢 入舍衛大城 乞食 於其城中 次第乞
已 還至本處 飯食訖 收衣鉢 洗足已 敷座而坐
이시 세존 식시 착의지발 입사위대성 걸식 어기성중 차제걸
이 환지본처 반식흘 수의발 세족이 부좌이좌

그때 세존(世尊)[5])께서 공양하실 때가 되어 가사를 두르고 발우를 들고 사위성에 들러 차례로 걸식을 마치시고 다시 본처로 돌아오시어 공양을 마치고 가사와 발우를 거두시고 발을 씻은 후 자리를 펴고 앉으셨다.

---

5) 세존(世尊)은 부처님의 열 가지 명호(名號) 중 하나로 세상에서 가장 높으신 분이라는 뜻이다.

* 부처님께서는 하루 한 번 공양을 드셨는데, 그때가 사시(巳時＝9시~11시)라고 한다.

어느 때에, 부처님께서 대중들과 다름없는 차림을 하시고 성중(城中)에서 차별 없이 걸식을 마치고 돌아와 공양을 마치고 발을 씻고 자리를 펴고 앉아 말없는 무정설법(無情說法)6)을 펴고 계시었다.

석가모니 부처님께서는 세간(世間)에서는 정반왕(淨飯王)의 태자였고, 출가하신 후에는 출세간(出世間)으로 삼계(三界＝욕계, 색계, 무색계)의 큰 스승이시고 사생(四生＝태생胎生·난생卵生·습생濕生·화생化生의 네 가지)의 자부(慈父)이시고 지존(至尊)이시다. 이런 존귀하신 분께서 왜 굳이 공양을 직접 걸식하셨는가. 이것은 결론부터 말하면 오로지 중생들을 위하여 행하신 거룩한 지행(知行)이시다.

부처님께서 정각(正覺)을 이루시고 중생들을 보니, 모두가 부처와 다르지 않은데 하나가 다른 것이 있었다. 그것이 바로 아상(我相), 인상(人相), 중생상(衆生相), 수자상(壽者相)의 사상(四相＝네 가지 상, 이기심)이다. 부처는 가지고 있지 않은 이 네 가지 상(相)을 중생들은 가지고 있고, 중생은 이것에 스스로 얽매여 끝없는 번뇌(煩惱)를 일으켜 우비고뇌(憂悲苦惱)를 만들어 윤회의 굴레에서 벗어나지 못하고 있다. 중생이 이 사상(四相)에서 벗어나기만 하면 그 자리가 바로 부처인데 중생은 그것을 모르고 나(我)라는 상(相)에

---

6) 무정설법(無情說法): 인간만이 설법하는 것이 아니라 산천초목도 설법한다는 뜻.

얽매어 본래 진면목(本來眞面目)인 청정(淸淨)한 마음을 보지 못하여 고(苦)의 연속인 중생계를 벗어나지 못하고 있는 것이었다.

어떻게 하면 중생이 고해(苦海)에서 벗어나 영원한 행복을 누릴 수 있겠는가.

중생이 고해에서 벗어나 영원한 행복, '아뇩다라삼먁삼보리'를 얻기 위해서는 먼저 사상(四相＝네 가지 상)에서 자유로워야 한다. 중생의 모든 고(苦)와 번뇌(煩惱)가 사상(四相)에서 생기는 것이고, 사상의 첫 번째 상이 아상(我相＝이기심)으로, 이 아상(我相)에서 벗어나지 못하면 절대 영원한 행복을 찾을 수 없다.

부처는 가지고 있지 않은 이기심(利己心)을 중생은 가지고 있다. 중생이 이것만 버리면 바로 부처인데 중생은 이것을 모르고 있다. 부처님께서는 중생들에게 이것을 깨달아 무상(無上) 진리(眞理)인 '아뇩다라삼먁삼보리'에 들게 하기 위하여 평생 동안 설법을 하신 것이다.

어떻게 해야 중생이 이기심(利己心)을 버릴 수 있겠는가. 이기심을 버리기 위해서는 가장 먼저 해야 할 것이 나를 한없이 낮추어 내려놓는 일이다. 나를 내려놓지 않고서는 이기심을 버릴 수가 없다. 나를 낮추어 내려놓는 방법은 여러 가지가 있겠지만, 그중에 가장 하기 어려운 것이 남에게 먹을거리를 달라고 걸식(乞食)하는 일일 것이다. 걸식은 나를 조금이라도 내세워서는 절대 할 수가 없는 일이기 때문이다.

부처님께서는 이렇게 사람이 가장 하기 어려운 걸식 행위를 통해서 나를 한없이 낮추어 마음을 조복(調伏)받아,7) 아상(我相=이기심)을 없애고 부처의 길로 들어서는 것을 중생들에게 몸소 보이신 것이다.

부처님 걸식의 의미는 여러 가지가 있지만 그중에서도 가장 중요한 것은, 철저한 무소유(無所有)의 실천(實踐)으로 나를 한없이 낮추어, 내 속에 내재(內在)해 있는 아상을 없애는 것이고, 다음으로는 박복(薄福)한 중생들에게 나눔의 소중함을 통해 보시복덕(布施福德)을 지을 방법을 알려주기 위함에 있다.

세상의 이치는 모두 자작자수(自作自受)로 내가 지어 내가 받는 것으로 되어 있다. 복(福)도 내가 지어 내가 받는 것이고, 고(苦)도 내가 지어 내가 받는 것으로, 이것은 지은 복덕이 없으면 받을 복도 없다는 말이다.

부처님께서 걸식공양(乞食供養)을 받으실 때, 부자와 가난한 사람을 가리지 않고 한 번에 일곱 집을 고루 들르셨다고 한다. 부처님의 이와 같은 행위는 부자와 가난한 이들 모두에게 나눔을 통해 보시복덕(布施福德)을 지을 수 있는 방법을 알려 주기 위함이었다.

지금이나 옛날이나 부자는 현재 모자람이 없기 때문에 나눔에 인색하여 보시복덕 짓는 일을 꺼려하고, 가난한 사람은 살아가는 일이 힘겨워 나눔에 대해서는 생각을 하지 못하여 보시복덕을 짓기 어렵다. 현재 부자(富者)로 사는 사람

---

7) 조복(調伏): 몸과 마음을 조절하여 온갖 악행을 다스림.

은 전생(前生)에 지어놓은 복덕으로 그 보(報)를 받는 것이고, 반대로 삶이 힘든 사람은 지어놓은 복덕이 없으므로 받을 것이 없게 된다. 지금 현재 부유(富裕)하게 잘 사는 사람도 지어 놓은 복덕이 소진(消盡)되어 없어지면 다시 삶이 힘들게 되고, 가난한 사람 역시 복덕을 지어놓지 않으면 내생(來生)에도 역시 가난할 수밖에 없다. 그러므로 부자도 영원하지 않으니 반드시 복덕을 지어야 하고, 가난한 사람 역시 힘들어도 반드시 보시 복덕을 지어야 한다.

보시복덕을 짓는 것은 농부가 봄에 씨앗을 뿌리는 것과 같다.

보시복덕에 대해서는 다음 장에서 자세히 설명하겠지만, 보시는 내 것을 남을 위해 대가 없이 내주는 행위이다. 아무 바람 없이 모든 생명을 긍휼(矜恤)히 여기는 보시행(布施行)은 세상의 평화(平和)와 공존(共存)을 가져온다.

그리고 부처님 걸식의 또 다른 의미는, 모든 중생은 평등하여 신분의 귀천이 없다는 것을 몸소 보이신 것이다.

이와 같이 부처님 걸식에는 많은 의미(意味)가 담겨 있지만 중요한 것은, 제자들에게는 철저한 무소유로 티끌만한 탐욕(貪欲)도 있어서는 안 된다는 것과, 중생들에게는 모든 생명(生命)은 평등(平等)하고 신분(身分)의 귀천(貴賤)이 없다는 것과, 모두가 더불어 다함께 평화롭게 살아갈 수 있는 방법이 바로 나눔에 있다는 것을 알리기 위함이다.

불교의 정신은 평화와 평등과 자유에 있다. 즉 모든 중생들이 평화롭고, 평등하고, 대자유(大自由)를 누리는 세계를 이루는 것, 이것이 불교정신(佛敎精神)이고, 이 세계가 바로 불국정토(佛國淨土)이다.

이것을 이루기 위해서 꼭 필요한 것이 나눔(보시)이다.

2. 善現起請分(선현기청분) 법을 청함

時 長老須菩提 在大衆中 卽從座起 偏袒右肩 右膝着地 合掌
恭敬 而白佛言 希有世尊 如來 善護念諸菩薩 善付囑諸菩薩
시 장로수보리 재대중중 즉종좌기 편단우견 우슬착지 합장
공경 이백불언 희유세존 여래 선호념제보살 선부촉제보살

부처님께서 대중들과 함께 공양을 마치시고 발을 씻고 앉
아 계실 때 수보리가 부처님께 법문(法門)을 청한다.

장로 수보리가 대중(大衆) 가운데에서 일어나 오른 어깨
에 가사(袈裟)를8) 걸어 메고 오른 무릎을 꿇고 합장하고 공
경하여 부처님께 말씀드린다. 희유(希有=놀라운 일. 드문 일.
불가사의 한 일)하십니다. 세존이시어, 여래께서는 모든 보살
들을 잘 호념(護念)하시며, 모든 보살들에게 잘 부촉(付囑)
하십니다.

* 이 대목에서부터 장로(長老) 수보리와 부처님의 긴 대화
가 시작된다.

장로는 사원(寺院)을 실질적으로 책임지고 운영하는 사람
으로 제자들 중에 나이 많고 덕이 높은 사람을 말한다.

장로 수보리가 공양을 마치고 자리에서 일어나 대중들을
대표해서 부처님께 법을 청하고자 합장(合掌) 공경(恭敬)하

---

8) 가사(袈裟): 스님들이 장삼 위에, 왼쪽 어깨에서 오른쪽 겨드랑이 밑으로 걸
　　쳐 입는 법복(法服).

고 말씀드리니, '희유하십니다. 세존이시여 여래께서는 모든 보살들을 간절히 사랑하시며 모든 보살들에게 부촉하시어 부처님 법을 전하고 중생을 제도(濟度=중생을 괴로움, 번뇌의 속박에서 벗어나게 함)하도록 하십니다' 하였다.

희유(希有)는 경이롭다는 말이고, '선부촉제보살'은 부처님께서 보살(깨달은 자)들에게 중생들의 제도(濟度)를 임명했다는 뜻이다.

합장은 두 손을 한데 모으는 것으로, 몸과 마음을 하나로 합하여 성심(誠心)을 다해 예의(禮儀)를 표하는 불교의 인사법이다. 그리고 '여래(如來)'라는 칭호는 부처님의 열 가지 명호(名號) 중 하나로, '온 곳 없이 왔다'는 뜻이다(하권에서 자세히 설명하기로 함).

'보살'은, 내면(內面)의 평화(平和)와 평등(平等)과 대자유를 이룬 완벽한 인격체(人格體)로, 이타자리(利他自利)의 지행(知行)을 갖추어 중생을 제도(濟度)할 자격을 갖춘 자를 말한다.

世尊 善男子善女人 發阿耨多羅三藐三菩提心 應云何住 云何降伏其心
세존 선남자선여인 발아뇩다라삼먁삼보리심 응운하주 운하항복기심

세존이시여 선남자 선여인이 아뇩다라삼먁삼보리의 깨달음을 얻고자 마음을 일으킨 자는 응당 어떻게 마음을 머무

르며 어떻게 그 마음을 항복받아야 합니까?

* 이 경의 법문이 수보리가 부처님께 이 말씀을 물음으로부
터 시작하여 이 물음에 답을 주신 것으로 경이 마무리 된
다. 결론부터 말하면 이 경은 아뇩다라삼먁삼보리, 즉 무상
(無上＝위없는) 무변(無遍＝한없는) 정지(正智＝올바른 지혜)의
마음을 일으킨 사람은 어떻게 마음을 다스려야 하고, 어떻
게 항복받아야 하고, 어떻게 마음을 써야 하는가에 대한 문
답이다. 즉 영원한 행복의 세계에 들고자 발심(發心)을 한
사람은 어떻게 마음을 내어야 하고, 어떻게 마음을 다스려
야 하고, 어떻게 마음을 행해야 '아뇩다라삼먁삼보리'를 얻
어 영원한 행복의 세계에 들 수 있겠는가, 하고 수보리가
부처님께 물은 것이다.

'아뇩다라삼먁삼보리'는 우리말로 하면 한량없는 최고 최
상의 진리로 영원한 행복의 피안의 세계이다. 이 세계는 절
대평등의 세계로, 성현(聖賢)도 없고, 중생(衆生)도 없고, 크
고 작음도 없고, 고(苦)도 없고, 오직 영원한 즐거움만 있는
세계이다.
　이 세계는 절대평화와 절대평등과 절대자유가 완벽하게
이루어져 있는 세계이다.
　어떻게 하면 중생이 최상의 진리를 얻어 영원히 행복할
수 있겠는가.

세상의 일체 모든 중생들은 행복하게 영원히 살기를 원한

다. 사람마다 모두 영원한 행복을 원하고 이것을 추구한다. 축생(畜生)은 축생들대로, 미물(微物)은 미물들대로 그들 역시 보다 더 행복하게 영원히 살기를 염원한다. 그러나 사바세계에 영원한 행복은 없다. 왜 없는가.

중생계의 모든 생명은 반드시 생로병사(生老病死)를 거치게 되어 있고, 이 생로병사의 과정 속에서 중생은 내가 잘살기 위해 남을 속이고 남의 것을 빼앗고, 남을 고통 속으로 몰아넣고, 남을 죽이고 한다. 이렇게 하여 오욕(五欲)을 충족시키면 모든 것을 이루어 영원히 행복해질 것이라고 굳게 믿는다. 그러나 오욕을 충족시킨다고 해도 그것은 일시적인 것으로 영원히 행복해지지 않는다. 내가 남을 속이면 나도 남에게 속을 수 있고, 내가 남의 것을 빼앗으면 나도 남에게 내 것을 빼앗길 수 있고, 남을 고통스럽게 만들면 나도 고통을 당하고, 남을 죽이면 나도 죽게 될 수 있다. 이 단순한 이치를 중생들은 다 알고 있지만 모두가 나와는 상관없는 남의 일이라고 생각하고 잊고 살아간다.

중생들은 왜 이런 생각을 가지고 살아가는가? 그것은 삶의 목표가 오욕(五欲)에 있기 때문이다. 모든 중생들의 삶의 목표는 오욕(五欲=인간의 다섯 가지 욕망, 식욕食欲·색욕色欲·재물욕財物欲·명예욕名譽欲·수자욕壽者欲) 충족에 있다. 중생들은 오욕이 충족되면 영원히 행복할 것으로 믿지만 절대 그렇지 않다. 오욕을 채워 부귀영화(富貴榮華)를 누린다 해도 그것은 한순간에 지나지 않는다. 생겨난 것은 모두 시간이 지나면 없어지는 것이 이 세상 이치이니, 모든 것이 꿈이요, 환상이요, 아침이슬과 같고, 번갯불같이 한순간에 지나지 않는다.

중생이 물질을 떠나 살 수 없지만, 물질(財)은 바람과 같은 것으로 영원한 행복은 가져다주지 않는다. 물질에서 영원한 행복을 찾을 수 없다. 영원한 행복을 누리기 위해서는 반드시 피안의 세계인 아뇩다라삼먁삼보리 진리의 세계에 들어야 한다.

어떻게 하면 아뇩다라삼먁삼보리를 얻어 영원히 행복한 피안(彼岸)의 세계에 들 수 있겠는가.

佛言 善哉善哉 須菩提 如汝所說 如來 善護念諸菩薩 善付囑 諸菩薩 汝今諦聽 當爲汝說 善男子善女人 發阿耨多羅三藐三 菩提心 應如是住 如是降伏其心
불언 선재선재 수보리 여여소설 여래 선호념제보살 선부촉 제보살 여금제청 당위여설 선남자선여인 발아뇩다라삼먁삼 보리심 응여시주 여시항복기심

부처님께서 말씀하시기를, 착하고 착하다. 수보리야, 네 말과 같이 여래가 모든 보살들을 잘 호념(護念=늘 염두에 두고 보호함)하며 모든 보살에게 잘 부촉(付囑=불법佛法의 보호와 전파를 다른 이에게 부탁함)하니, 네 이제 자세히 들어라. 마땅히 너를 위해 일러주리라. 선남자선 여인이 아뇩다라삼먁삼보리심을 낸 자는 응당 이와 같이 마음을 머무르고 이와 같이 마음을 항복받아야 한다.

＊ 수보리가 부처님께 어떻게 하면 중생이 고해(苦海)에서 벗어나 영원한 행복을 누릴 수 있는가를 물으니, 부처님께서 영원한 행복을 누리려는 자는 먼저 마음을 머무르고 항복받아야 한다고 하시고, 이제부터 그것을 일러줄 것이니 잘 듣고 잘 받아 지녀라 하셨다.

마음을 머무르고 항복받는 것이 무엇인가? 마음을 머무른다는 것은, 마음을 다스린다는 말이고, 마음을 다스린다는 것은, 치우침이 없는 평상심(平常心)을 늘 유지하는 것을 말한다.

부처님께서 수보리의 묻는 말씀을 들으시고 칭찬하신 다음에 당부하여 말씀하시기를 "네 말과 같이 모든 보살들을 사랑하며 모든 보살들에게 잘 부촉하니. 너를 위해 마음 가지는 법과, 마음을 항복받는 법을 말할 테니 자세히 듣고 잊지 말고 말과 같이 행하여라." 하셨다.

마음을 항복받는다는 것은 위에서 말한 것같이, 평상심(平常心)을 늘 유지하는 것이다. 나 스스로가 나를 통제하고 나를 이겨, 그 무엇에도 매이지 않고, 자유자재하여 평상심을 늘 유지하는 것, 이것이 마음을 항복받고 머무는 일이다.

어떻게 하면 이것을 이룰 수 있겠는가. 이것을 이루기 위해서는 먼저 나 스스로가 주인으로 살아야 가능하다. 주인으로 살지 못하면 늘 마음의 종이 되어 주처(住處)가 없는 마음에 끌려 일희일비(一喜一悲)하게 된다. 이렇게 마음(번뇌)에 끌려 다니면 자유롭고 행복해질 수가 없다. 대자유를 얻어 영원한 행복을 누리기 위해서는 오직 나 스스로 주인으로 살아야 가능하다. 종(奴)에게는 선택권(選擇權)이 없다.

조선말(朝鮮末)의 시인(詩人) 정수동(鄭壽銅=정지윤鄭芝潤, 1808~1858)이 어느 날, 당시의 세도가(勢道家)였던 정승 집을 찾았다. 마침 정승이 퇴청(退廳)하여 막 대문 안으로 들어가고 있었다. 이를 본 정수동이 대문 안으로 들어가려 하자 청지기가 막아섰다.

"대감께서 아직 퇴청하지 않으셨으니 들어가실 수 없습니다."

"지금 막 들어가는 걸 봤는데 무슨 말을 하는 것이냐."

"그래도 들어가실 수 없습니다."

평소에 정수동을 곱게 보지 않았던 청지기와 한참 실랑이를 하는데 이 모습을 본 정승이 정수동을 불러들여 술을 대접했다. 종에게 무시를 당한 정수동이 대감에게 말했다.

"종놈이 어찌 이리 무례(無禮)합니까?"

그러자 정승이 밖을 향해 말했다.

"그놈 죽일 놈이네, 양반을 무시하는 종놈이 세상에 어디 있는가, 그놈 죽일 놈이여."

정수동이 한담(閑談)을 나누다 돌아가기 위해 밖으로 나와 보니, 대문 앞에 무엇인가 거적때기로 덮어놓은 것을 종들이 쳐다 보고 있었다. 정수동이 무엇이냐고 물어보니, 아까 말대꾸하던 청지기라고 한다.

사랑방에서 주인 상전이 죽일 놈이라고 한 그 말 한마디에 기세등등하던 청지기가 죽어 거적때기에 덮여 있었다.

唯然 世尊 願樂欲聞
유연 세존 원요욕문

　네, 그렇습니다. 세존이시어 원하옵건대 즐겨 들고자 합니다.

* 부처님 말씀을 들은 수보리가 대중(大衆) 천 이백 오십 인을 대표해서 반가운 마음을 금치 못하여 즐겨 듣기를 원한다고 한다.

3. 大乘正宗分(대승정종분) 대승의 근본 뜻

佛告 須菩提 諸菩薩摩訶薩 應如是降伏其心
불고 수보리 제보살마하살 응여시항복기심

부처님께서 말씀하시기를 수보리야 모든 보살마하살이 응당
이와 같이 마음을 항복받아야 한다.

* 부처님께서 수보리의 질문에 모든 보살들에게 마음 항복
받는 법을 일러주시고자, 이렇게 마음을 항복받아야 한다고
하시었다.

어떻게 하면 수시로 변하는 이 마음을 통제하고 자유자재하
여 영원한 행복의 아뇩다라삼먁삼보리를 이룰 수 있겠는가.

마음이 무엇인가. 무엇을 마음이라고 하는가? 우리는 중
생의 생각과 행동을 보고 이것을 마음이라고 한다. 하지만
이것이 진정한 마음이라고 단정지을 수 없다. 생각과 행동
은 항상 수시(隨時)로 바뀌기 때문에 어떤 마음이 실제 내
마음인지 알기가 어렵다. 사랑하는 마음, 미워하는 마음, 혐
오하고 증오하는 마음, 즐거워하는 마음, 두려워하는 마음,
괴로운 마음, 초조하고 불안해하는 마음, 집착하는 마음, 집
착하지 않는 마음, 죽을 만큼 좋았던 사람이 어느 날 갑자
기 싫어지는 마음, 항상 이랬다저랬다 하는 이런 마음들 중

에 어떤 것이 진정 내 마음인지 알기가 어렵다. 이런 종잡을 수 없는 마음의 실체가 도대체 무엇이며, 마음을 움직이는 이것은 또 무엇인가? 무엇이 있어서 이리저리 마음을 움직이는가.

어떻게 하면 실체도 없고 고정되어 있지도 않은 이것을 밝혀 확연(確然)히 알 수 있겠는가. 수보리의 질문이 이것이고 부처님께서 이것에 대한 답을 주신 것이 이 경의 전모(全貌)이다.

왜 마음을 논하는가, 일체의 모든 상(相)이 마음에서 나오기 때문이다.

보살마하살(菩薩摩訶薩)은 우리말로 하면 대보살(大菩薩)이라는 뜻으로 대승보살의 이름이다. 일체 중생을 고난에서 건져 모두 잘살게 하려는 대원(大願)을 세워 행(行)하는 큰 깨달음을 얻은 자라는 뜻이다.

所有一切衆生之類 若卵生 若胎生 若濕生 若化生 若有色 若無色 若有想 若無想 若非有想 非無想 我皆令入無餘涅槃 而滅度之
소유일체중생지류 약란생 약태생 약습생 약화생 약유색 약무색 약유상 약무상 약비유상 비무상 아개영입무여열반 이멸도지

있는 바 일체 중생의 무리인 알로 생긴 것이거나, 태(胎)로

생긴 것이거나, 습기로 생긴 것이거나, 화하여 생긴 것이나,
색이 있는 것이나. 색이 없는 것이나, 생각이 있는 것이나,
생각이 없는 것이나, 생각이 있는 것도 아니요, 생각이 없는
것도 아닌 온갖 중생들을 내가 모두 완전한 열반에 들게 제
도(濟度)하리라.

* 이 대목에서 부처님께서 중생들이 인연지어 생겨나는 방
식과 모습에 대해서 말씀하시는데, 이것은 삼계(三界＝욕계欲
界, 색계色界, 무색계無色界)의 중생을 모두 포함한 것으로,
이들의 모습은 제각기 다르지만 이 모두가 다 같은 소중한
생명들임으로 이 모두를 열반의 세계에 들도록 제도하신다
는 말씀이다.
　중생들이 삼계(三界)에 생겨나는 방식은 모두 다음에 열
거하는 열 가지 방식으로 인(因)해서이다.

　난생(卵生) 알로 태어나는 생명,
　태생(胎生) 어미의 태반에서 태어나는 생명,
　습생(濕生) 습기에 의해서 태어나는 생명,
　화생(化生) 여러 물질들이 혼합되어 태어나는 생명,
　유색(有色) 물질적 색체가 있는 생명,
　무색(無色) 물질적 색체가 없는 생명,
　유상(有想) 생각이 있는 생명,
　무상(無想) 생각이 없는 생명,
　비유상(非有想) 생각이 있는 것도 아니고,
　비무상(非無想) 생각이 없는 것도 아닌 생명,

이것이 중생들의 생겨나는 열 가지 방식이고 열 가지 모습이다. 부처님께서 이렇게 알로 부화(孵化)해서 태어난 생명과, 어미의 태(胎) 속에서 태어난 생명, 습기(濕氣)로 인(因)해서 태어난 생명, 여러 물질이 혼합해서 생겨난 생명, 색을 가진 생명, 색을 가지지 않은 생명, 생각을 할 줄 아는 생명과, 생각을 할 줄 모르는 생명, 생각이 있지도 않고, 없지도 않은 생명들 모두를 하나도 빠짐없이 모두 제도하여 깨끗하고 고요하고 즐거운 영원한 행복의 열반세계로 인도하신다는 말씀이다(사람, 동식물, 미생물을 포함한 일체 모든 생명 그 자체는 평등하여 차별이 없다).

우리의 마음속에도 이러한 십생(十生=열 가지 생명)이 자리하고 있으니, 이것이 우리의 마음속에 생겨나는 번뇌(煩惱), 망상(妄想)이다. 번뇌 망상은 하루에도 수없이 생겨나고 없어지기를 반복한다. 어리석은 마음과, 알음알이를 내는 마음, 원망하는 마음, 시기(猜忌), 질투(嫉妬)하는 마음, 슬퍼하는 마음, 분노(憤怒)하는 마음, 깨끗하지 못한 마음, 집착(執着)하는 마음과, 반대로 모두 비워 아무것도 없다는 마음, 생각만 하고 행동할 줄 모르는 마음, 나무나 돌처럼 아무 생각 없는 마음, 있고 없는데 떨어지거나 떨어지지 않는 마음, 진리를 구하는 마음, 진리를 멀리하는 마음, 이런 것들이 중생의 마음속에 자리하고 있는데 이것들 모두가 생명을 가지고 있어서 생겨났다 없어지기를 수없이 반복한다. 이렇게 시시각각(時時刻刻) 생겨났다 없어지기를 반복하는 이 마음을 번뇌(煩惱)라고 하고, 종류가 108가지가 된다고 해서 이것을 백팔번뇌(百八煩惱)라고 한다. 이 번뇌는 아주 질긴 생명력(生命力)을 가지고 있어서 하루에도 만 번 생겨났다 만 번 없어지기를 반복한다.

부처님께서 삼계의 모든 중생을 제도(濟度)한다는 말씀은, 일체(一切)의 모든 중생과, 이렇게 끝없이 생겨나는 중생들의 마음속 번뇌를 모두 제도하신다는 말씀이다.

(마음을 항복받는다는 것은 끊임없이 일어났다 없어지기를 반복하는 번뇌 망상으로부터 자유로워지는 것이다.)

如是滅度無量無數無邊衆生 實無衆生 得滅度者
여시멸도무량무수무변중생 실무중생 득멸도자

이와 같이 한량없고 수가 없고, 헤아릴 수없이 많은 중생들을 제도하였으나, 실로 제도를 얻은 중생이 없다 할 것이다.

* 이 말씀은 잘 이해해야 한다. 부처님께서 이와 같이 태(胎)·란(卵)·습(濕)·화(和)로 생겨나는 수없이 많은 중생들과, 중생들 마음속 번뇌를 모두 제도하였지만 실제로는 제도된 것이 아니라는 이 말씀은, 부처님께서 모든 중생에게 그들 모두가 부처와 본래 같은 존재라는 것을 자각(自覺)하여 깨닫게 알려주었을 뿐, 다른 없는 이치를 새롭게 만들어 말씀하신 것이 아니라는 말씀이다.

부처와 중생은 본래 하나였으나 다르게 된 것은, 부처는 부처와 중생이 갈리기 이전의 본래면목(本來面目)을 그대로 지니고 있고, 중생은 오욕(五欲)에 의해 네 가지 상을 스스로 만들어 우비고뇌(憂悲苦惱)와 생사윤회(生死輪廻)를 거듭한다. 이것이 부처와 중생이 다른 점이다.

중생은 이렇게 본래 없던 네 가지 상(相)을 만들어 번뇌를 일으키고, 선악(善惡)을 지어 생사윤회를 거듭한다. 중생이 번뇌와 윤회의 근본이 되는 사상(四相=아상 인상 중생상 수자상)에서 자유로워지면 그대로 본래의 청정한 부처인데 중생은 이것을 모르고 행하지 못하고 있다.

부처님께서 수없는 중생을 제도했지만 한 중생도 제도한 바가 없다고 하신 말씀은, 본래 부처이었던 중생에게 본래 모습을 찾게 해준 것일 뿐으로, 없는 법을 새롭게 만들어 중생들에게 주입시킨 것이 아니기 때문에 실제로는 수없이 많은 중생이 제도되었지만, 모두 본래(本來) 근본(根本)자리로 돌아간 것이 됨으로 제도된 중생이 없게 된다는 말씀이시다.

이 대목에서 부처와 중생의 마음에 대해 알아보기로 하겠다. 무엇을 부처의 마음이라고 하고 무엇을 중생의 마음이라고 하겠는가.

부처의 마음은 사상(四相)이 없는 본래 맑고 깨끗한 영원한 행복 그대로이고, 중생의 마음은 부처와 악귀(惡鬼)가 혼재해 있는 마음이라고 하겠다. 중생은 부처와 한 몸이었을 때, 오욕(五欲)이 들어와 중생으로 갈린 것이기 때문에 본성(本性)에는 부처의 마음이 그대로 남아 있다. 중생의 마음은 이렇게 부처의 마음 위에 오욕과, 사상(四相)이 덮여 있는 마음이라고 보면 된다. 중생의 마음이 이렇기 때문에 어느 때는 악귀와 같은 잔악(殘惡)한 마음이 일어나 악행(惡行)을 저지르기도 하고, 어느 때는 부처와 같은 자비(慈悲)의 마음이 일어나 선행을 하기도 하는 것이다.

중생(인간)이 얼마나 잔인(殘忍)한가. 지구상의 생명체 중에 가장 잔인한 생명체가 바로 인간이다. 그리고 인간이 얼마나 자애(慈愛)로운가? 지구상의 생명체 중에서 가장 자애로운 생명체가 바로 인간이다. 이렇게 오욕(五欲)과 사상(四相)의 악한 마음과 자비로운 마음이 혼재(混在)해 있는 것이 중생(인간)의 마음이다.

중생의 마음에는 이렇게 선과 악이 혼재해 있기 때문에, 때에 따라, 처해져 있는 환경에 따라 마음이 여러 가지로 변화해 나타나는 것이다.

중생의 모든 악행은 오욕(五欲)과 사상(四相)에서 나오는 것으로 부처의 마음을 이것이 덮고 온갖 것들을 만들어 낸다. 중생이 이것만 없애면(걷어내면) 영원한 행복의 부처의 마음을 회복할 수 있게 된다. 그러기에 부처님께서는 평생을 통해 중생들에게 이것(오욕과 사상)을 제거하는 방법을 갖가지 방편(方便)을 통해 알려주신 것이다.

불법을 배우고 익히는 것은 마음을 깨쳐 영원한 행복을 얻기 위함이다. 마음을 깨친다는 것은 이렇게, 본래 부처였던 나를 덮고 있는 오욕과 사상에서 벗어나 중생의 본래 근본자리로 돌아가는 것을 뜻한다.

중생의 마음이 이렇게 본래의 자리로 돌아가면 부처의 마음과 다시 하나가 되는 것이니, 이 자리는 마음도 그저 이름일 뿐으로, 이름을 떠난 자리에는 부처와 중생이 다르지 않고, 지혜롭고 어리석음도 있지 않고, 진실과 거짓도 없고, 제도를 받고 제도를 하는 것도 없게 된다.

이 자리는 차안(此岸)도 피안(彼岸)도 존재하지 않고, 열반과 생사도 없고, 죄와 복, 선(善)과 악(惡), 지옥 극락도 존재하지 않고, 깨침 자체도 존재하지 않고, 존재하지 않는 그것까지도 존재하지 않게 된다.

부처님께서 수없이 많은 중생을 제도했지만 제도를 얻은 중생이 없다고 하신 말씀은, 이와 같이 분별을 떠나면 무엇에도 걸리지 않으니, 부처에도 걸리지 않고, 중생에도 걸리지 않는다. 그러므로 이 도리를 알면 이름이 제도(濟度)일 뿐, 제도를 한 자도 없고, 제도를 받은 자도 결국에는 없게 된다는 말씀이시다.

何以故 須菩提 若菩薩 有我相 人相 衆生相 壽者相 卽非菩薩
하이고 수보리 약보살 유아상 인상 중생상 수자상 즉비보살

어찌한 연고(까닭)이냐 하면 수보리야, 만약 보살이 '나'라는 상(相), 남이라는 상(相), 중생(衆生)이라는 상(相), 수자(壽者)라는 상(相)이 있으면, 곧 보살이 아니기 때문이다.

* 이 말씀은 보살을 지칭했지만 모두에게 하는 말씀이다.

만약 보살이 아상(我相) · 인상(人相) · 중생상(衆生相) · 수자상(壽者相)이 조금이라도 남아있다면 이는 보살이 아니라고 하신 말씀은, 중생을 제도한다는 것은, 중생으로 하여금 분별이 생기기 이전의 본래 성품(性品)을 보게 하는 것인데, 만약 중생을 제도하는 자가, 나는 중생을 제도하고 있다는 생각을 조금이라도 가지고 있다면 이는 보살이 아니라는 말씀이다. 이것은 분별을 떠난 자리를 말하면서 정작 본인은 분별을 가지고 있는 것이 되기 때문이다.

속담에 '게가 자신은 옆으로 다니면서 새끼들에게는 똑바로 다니라고 한다'는 말이 있다. 입으로는 청산유수(靑山流水)와 같이 불법(佛法)의 정도(正道)와 세상의 정의(正義)를 말하면서 정작 본인이 언행일치(言行一致)가 안 되면 이것은 그야말로 번뇌(煩惱)일 뿐, 본래의 청정(淸淨)이 아니기 때문에 보살이 사상(四相)이 조금이라도 남아 있으면 이는 보살이 아니라고 하신 것이다.

『금강경』에서 부처님께서 이 사상(四相)에 대해서 수없이 말씀을 하시는데, 그것은 아상(我相) · 인상(人相) · 중생상(衆生相) · 수자상(壽者相) 이 네 가지 상(四相)이 중생들을 번뇌(煩惱)와 미혹(迷惑)에 빠지게 하는 주된 요인이기 때문이다.

아상(我相)은 나라고 하는 생각이다. 나 개인을 위주로 하는 모든 생각과 일체의 이기적인 행동(이기심)으로, 나는 우월(優越)하고 상대는 우열(愚劣)하다는 마음과, 남의 피해나 입장은 전혀 고려하지 않고, 오로지 나의 입장에서 나의 이익을 위해서만 생각하고 행동하는 일체의 마음이다.

인상(人相)은, 내가 아닌 남이라는 모든 생각과, 나와 남을 가려, 나는 인간, 너는 축생, 너는 백인, 나는 황인, 나는 잘난 사람, 너는 못난 사람, 이렇게 모든 것을 구분지어 오직 나 위주로 판단하고 결정하고, 행동하는 이기적인 생각과 행동이다.

중생상(衆生相)은, 괴롭고, 힘든 것을 싫어하고, 남이야 어찌되던 상관하지 않고 나만 좋고 즐거운 것만을 탐내는 일체의 생각과 행동이다.

수자상(壽者相)은, 오래 살고 싶어 하는 마음과, 귀찮고 어려운 것들을 피하고, 타인의 입장과 형편은 전혀 고려하지 않고, 오직 나만 편하고 좋은 것만 찾아 영원히 그것에 안주하려는 마음이다.

이 네 가지 상(四相)이 모두 첫 번째 아상(이기심)에서 비롯된 것이다. 부처와 중생을 가르고, 선과 악을 가르고, 모든 알음알이를 내는 것이 아상이니, 아상으로부터 자유로워지는 것이 곧 해탈(解脫)이다. 나라고 하는 아상이 없어지기만 하면 나머지 상들은 생겨나지 않는다. 이 아상(我相)을 떠나면 나머지 상들이 생겨나지 않으니, 부처와 중생이 다르지 않고, 나와 남을 구분하지 않고, 일체의 모든 시시비비(是是非非)가 존재하지 않게 된다. 이런 고로 부처님께서 이 사상에 대해서 수없이 말씀하신 것이다.

인간은 이 네 가지 상(相)에 집착하기 때문에 모든 문제를 야기(惹起)시킨다. 개인 간의 갈등, 집단 간의 갈등, 국가 간의 갈등, 종교 간의 갈등, 이 모두가 아상(이기심)으로부터 생겨난 것들이다. 나는 옳고 너는 그르다는 생각, 나의 사상(思想)은 맞고 너의 사상은 그르다는 생각, 나는 우월(優越)하고 너는 우열(愚劣)하다는 생각, 나는 선(善)하고 너는 악(惡)하다는 생각, 이런 것들로 인해서 사람 간의 신뢰가 깨지고 갈등(葛藤)이 생기고, 집단 간에 마찰(摩擦)이 생기고, 국가 간에 전쟁(戰爭)을 하고, 많은 사람들이 죽고 고통(苦痛)을 당한다.

남을 인정하지 않는 아상(我相=이기심) 이것을 버리지 않는 한 그 어디에도 영원한 평화와 행복은 없다.

부처님께서 『금강경』 시작부터 끝까지 이 사상에 대해서 수없이 말씀하신 것은, 이 사상에서 벗어나지 못하면 그 누구도 절대 영원히 행복할 수 없기 때문이다.

4. 妙行無住分(묘행무주분) 머무름 없는 보시행

復次須菩提 菩薩 於法 應無所住 行於布施 所謂不住色布施
不住聲香味觸法布施 須菩提 菩薩 應 如是布施 不住於相 何
以故 若菩薩 不住相布施 其福德 不可思量
부차수보리 보살 어법 응무소주 행어보시 소위부주색보시
부주성향미촉법보시 수보리 보살 응 여시보시 부주어상 하
이고 약보살 부주상보시 기복덕 불가사량

또한 수보리야, 보살은 응당 법에 머무름 없이 보시를 행
(行)할 것이니, 이른바 색(色)에 머물지 않고 보시(布施)할
것이며, 소리나, 향기나, 맛이나, 촉각이나, 법에 머물지 않
고 보시해야 할 것이다. 수보리야 보살은 응당 이와 같이
보시하여 상에 머물지 말라함은 어찌한 연고이냐, 만약 보
살이 상에 머물지 않고 보시하면 그 복덕은 가히 생각으로
헤아릴 수 없기 때문이다.

* 수보리가 아뇩다라삼먁삼보리의 마음을 낸 자가 그 마음
을 어떻게 내야하며 어떻게 항복받아야 합니까, 하고 부처
님께 가르침을 청한 것이 이 경의 시작이다.
  부처님께서 앞 대목의 아상·인상·중생상·수자상이 있
으면 보살이 아니라고 말씀하신 것까지는 마음을 항복받는
법을 말씀하신 것이다. 그리고 이 대목에서는 그 마음을 머

무르는 법을 말씀하신 것이다.

　이 대목에서 말씀하시기를 '보살이 법에 머무름 없이 보시를 행해야 한다'고 하셨다. 이 말씀은 보시행의 마음을 낸 자는, 육진(六塵=색・성・향・미・촉・법)과, 육근(六根=안・이・비・설・신・의)에 머물지 말고 행하라는 말씀으로, 색과 소리와 향기와 맛과 감촉과, 눈에 보이는 것과, 귀에 들리는 것과, 냄새와, 말과, 몸과, 생각에 끌려 다니지 말고 행해야 한다는 말씀이다.

　이 말씀은, 전 대목까지의 법문을 듣고 마음을 항복받는 이치를 알아차린 자들은 이제 이 마음을 머무를 줄 알아야 하는데, 주처(住處)가 없는 마음을 어느 곳에 머물러야 하는가에 대한 말씀으로, '무주상보시(無住相布施)'에 그 마음을 머물러야 한다는 말씀이다.

　마음은 주처(住處=상주하여 머무는 곳)가 없다. 주처가 없다는 것은 고정되어 어느 한 곳에 정착되어 있지 않다는 것으로, 우리의 마음은 항상 변하여 어느 마음이 진정한 내 마음인지 알 수가 없다.

　이 대목의 말씀은 이렇게 쉼 없이 변하는 이 마음을 어디에 두어야 하는가에 대한 말씀으로, 머무름이 없는 그곳(무심)에 마음을 두어야 한다는 말씀이고, 보시행은 이렇게 머무름이 없는 무심으로 행해야 진정한 보시가 되고, 이 보시 공덕은 실로 헤아릴 수 없이 크다는 말씀은, 보시를 행하는 자가 보시했다는 생각을 가지고 있으면 이것이 곧 아상이니, 상에 매이지 않는 보시라야 진정한 보시라는 말씀이다.

그리고 이렇게 상이 없는 진정한 보시 행을 하는 것이 마음을 머무르는 법이라는 말씀이다.

보시(布施)가 무엇인가. 보시는 육바라밀(六波羅密)의 첫 번째 바라밀로 보시바라밀(布施波羅蜜)이다. 왜? 보시바라밀을 육바라밀에서 첫 번째로 말씀하셨는가.

보시는 나눔이다. 보시는 내가 가진 것을 못가진 이들과 함께 나누어 그들로 하여금 힘들고 어려운 상황에서 벗어나게 해주는 행위이다. 이것은 남을 긍휼(矜恤)히 여기는 순수한 마음이 없이는 행하지 못하는 일이다.

나눔은 사람의 마음을 따뜻하게 하고 사랑과 평화와 공존을 가져온다. 이 순수한 마음의 행위를 보시 공덕이라고 한다.

부처님께서 이 경이 끝날 때까지 앞으로도 수없이 보시 행을 강조하시는데, 이것은 세상(世上)이 혼탁(混濁)한 가장 큰 이유가 바로 이기심(利己心)에 있기 때문이다. 중생들의 마음에서 이 이기심만 없어진다면 이 세상은 그대로 불국정토(佛國淨土)가 될 것이다.

나와 남을 구분하지 않고, 가진 것을 공유하는 보시 행은 중생들의 이기심을 없애고 모두에게 평화와 공존과 행복을 가져다준다.

보시는 이렇게 모두가 다함께 평화롭고 행복할 수 있는 유일한 길이다. 그러므로 보시 행을 하는 자는 마땅히 사상(四相)에 매여서 옳다거나 그르다거나 하는 생각(이기심)을 내지 않아야 한다. 이것이 마음을 머무르는 법이다. 그러므로 보시를 했다는 생각이 조금이라도 남아있으면 이것은 진정한 보시가 될 수 없다. 이른바 눈에 보이는 것(色)에 현혹되지 말고, 소리와, 향기와, 맛과, 법에 이끌려 상을 내지 말고 행해야 한다. 이렇게 그 어디에도 매이지 않는, 오직 모든 중생을 긍휼(矜恤)히 여기는 마음으로 아무 바람 없는 '무주상보시(無住相布施)'를 행해야 한다. 만약 어떤 특정한 목적을 가지고, 보여주고 생색을 내기 위해서 보시를 한다면 이것은 결코 복덕이 될 수 없는 것이니, 생색을 내기 위한 보시는 업보(業報)만 가중시킬 뿐이다.

이 대목에 '응무소주(應無所住)'라는 말이 바로 '그 어디에도 걸림 없고 머무름이 없는 마음'이고, '응무소주행어보시(應無所住行於布施)'는 '마땅히 머무름 없이 보시를 행해야 한다'는 말씀으로, 아뇩다라삼먁삼보리를 구하여 영원한 행복을 찾으려는 자는 마땅히 이와 같이 마음을 머무르고, 이와 같이 본래의 청정한 성정(性情)으로 돌아가야 한다는 말씀이다. 불자들은 이 말씀을 항상 마음에 새겨두어 잊지 말아야 할 것이다.

거듭 말하지만, 본래 중생은 부처와 하나로, 청정무구(淸淨無垢)한 존재이었으나, 오욕(五欲)의 다섯 가지 욕망이 생기게 되어, 이것이 삶의 목적이 되고, 사상(四相)에 물들어 청정을 잃어버리게 되었다. 중생의 모든 죄악과 악행은 탐욕(貪欲)에서 생겨나고, 탐욕은 아상(我相)에서 생겨난다. 중생이 탐욕으로부터 자유로워질 수 있는 길이 바로 나눔이다. 영원한 행복의 세계, '아뇩다라삼먁삼보리'를 얻기 위해서는 아상과 탐욕에서 벗어나야 하고 이것으로부터 자유로워야 한다.

須菩提 於意云何 東方虛空 可思量不 不也 世尊 須菩提 南西
北方四維上下虛空 可思量不 不也 世尊
수보리 어의운하 동방허공 가사량부 불야 세존 수보리 남서
북방사유상하허공 가사량부 불야 세존

수보리야 네 생각은 어떤가? 동방허공을 가히 생각으로 헤
아릴 수 있겠는가. 못합니다, 세존이시여. 수보리야, 남서·
북방·사유상하·허공을 가히 생각으로 헤아릴 수 있겠는
가? 못합니다, 세존이시여.

* 이 말은 앞 대목과 이어지는 말씀으로 무주상(無住相) 보
시공덕의 복덕이 한량없이 크다는 것을 비유로 드신 것이
다. 남서(南西) 북방(北方)은 사방팔방(四方八方)이고, 사유
(四維)는 간방(間方)이고, 상하(上下)는 허공과 중앙이다. 무
주상보시의 복덕은 이렇게 사량(思量)으로 헤아릴 수 없이
크다는 뜻이다.

須菩提 菩薩 無住相布施福德 亦復如是 不可思量
수보리 보살 무주상보시복덕 역부여시 불가사량

수보리야, 보살이 상(相)에 주(住)하지 않고 보시하는 복덕
도 또한 이와 같아 가히 생각으로 헤아릴 수 없다.

* 이 말씀은 위 말씀을 강조하신 것이 된다. 상에 머물지
않는 무주상보시 복덕은 헤아릴 수 없이 크기 때문에 이것

은 생각으로나 그 무엇으로도 계산할 수 없다고 다시 한 번 강조하신 말씀이다.

須菩提 菩薩 但應如所教住
수보리 보살 단응여소교주

수보리야, 보살은 다만 가르친 대로 마음을 지녀야 한다.

* 지금까지 부처님께서는 수보리의 물음에 따라 마음을 내는 법과 머무르는 법을 말씀하시고, 여기에서는 내가 위에서 일러준 바와 같이 그 마음을 머무르라고 하셨다.

　이 말씀은 중생이 영원한 행복을 이루고자 한다면 '아뇩다라삼먁삼보리'를 얻어야 하고, 이 아뇩다라삼먁삼보리를 얻기 위해서는 사상(四相)에서 자유로워야 되고, 사상에서 벗어나기 위해서는 먼저 나라고 하는 마음을 조복(調伏)받아야 하고, 마음을 조복받기 위해서는 중생의 욕망인 오욕(五欲)과, 탐(貪)・진(瞋)・치(癡) 삼독심(三毒心)에서 자유로워야 하고, 이 오욕과, 탐진치에서 자유자재하는 길은 육바라밀(六波羅蜜)의 실천으로 지행(知行＝아는 것과 행동)이 같아야 하고, 육바라밀의 첫 번째 바라밀이 보시바라밀이니, 세상의 모든 생명을 나와 동일하게 보고 긍휼히 여겨, 청정심으로 보시바라밀을 행하는 것이 마음을 머무르는 법이라는 말씀으로, 이와 같이 행해야 한다는 말씀이다.

5. 如理實見分(여리실견분) 이치의 참모습

須菩提 於意云何 可以身相 見如來不 不也 世尊 不可以身相
得見如來
수보리 어의운하 가이신상 견여래부 불야 세존 불가이신상
득견여래

수보리야, 네 생각은 어떠한가? 신상(부처의 신체적 특징)으
로써 여래를 본다 하겠느냐. 세존이시여, 신상(身相)으로는
여래라고 하지 못합니다.

* 부처님께서 지금까지 보시와 마음을 머무르는 법에 대해
서 말씀하시고 이번에는 수보리에게 신상(身相)에 대해서
묻는다. 이것은 신심(信心)에 관한 문제로, 부처님께서는 삼
십이응신(三十二應身) 팔십종호(八十種好)의 거룩한 상(相)을
갖추셨다고 한다.
  부처님께서 수보리에게 나의 상(相)을 보고 진리를 볼 수
있겠는가, 아닌가를 물으니, 수보리가 대답하기를 상(相)이
아무리 거룩하다고 해도 그것은 지수화풍(地水火風)으로 이
루어진 것으로 허망(虛妄)한 것이기에 불상(佛像) 자체만은
진리라고 볼 수 없다고 한다.
  부처님께서 이 말씀을 수보리에게 물으신 것은, 후세(後
世) 중생들이 법신(法身)은 보지 않고 부처님의 거룩한 불

상만 보고 상(像)을 여래로 믿을 것을 염려하여 물으신 것이니, 명심해야 할 것이다. 눈에 보이는 불상(佛像)이 아무리 거룩해도 그 자체로만은 여래라고 할 수 없다.

당나라 때, '단하(丹霞)'라는 스님이 있었는데, 어느 한겨울에 길을 가다 날이 저물어 근처의 작은 암자를 발견하고 찾아들어갔다. 암자는 인법당으로 부처님을 모신 법당과 방사(坊舍)가 한 공간에 있는데, 암주(庵主) 스님은 출타 중인지 없었다. 너무 추워 방으로 들어가 보니, 방은 불을 땐 지 오래되어 얼음장처럼 차가워 도저히 누워 있을 수가 없었다. 스님은 아궁이에 불을 지피려고 땔감을 찾았으나 어디에도 땔감은 없었다. 문득 법당의 불상을 보니 삼존불이 모셔져 있는데 모두 목불(木佛)이었다. 스님은 주저하지 않고 불상 하나를 들어내 쪼개어 아궁이에 넣고 불을 지폈다. 그리고는 따뜻해진 방에 누워 잠을 청했다.

시간이 한참 지난 뒤, 암주 스님이 출타에서 돌아와 보니 웬 객승(客僧)이 자기 방에서 자고 있는 것이 아닌가, 게다가 방은 따뜻하게 데워져 있고, 자기가 나갈 때 분명 땔감이 하나도 없었는데 땔감은 어디에서 구했나? 자고 있는 객승을 깨워 자초지종을 물으니, 하도 추워서 불상 하나를 쪼개어 아궁이에 불을 지폈다고 하자, 암주가 기절초풍하여 화가 머리끝까지 나서 객승에게 마구 욕설을 퍼부었다. 그러자 이 객승이 부젓가락(화저火箸)을 찾아들고는 아궁이 속을 휘휘 저었다. 이 모습을 본 암주는 더욱 화가 나서 객승에게 물었다.

"지금 무엇을 하고 있는가?"

"사리를 찾고 있소."

"목불에 사리가 어디 있단 말이요."

"그러면 저기 있는 불상(佛像)도 마저 태워 사리가 있는지 확인해봐야 되겠소."

何以故 如來所說身相 卽非身相

하이고 여래소설신상 즉비신상

어찌된 연고이냐 하면, 여래께서 말씀하신 신상(身相)이라는 것이 곧 신상이 아니기 때문입니다.

＊ 왜? 그런가 하면, 신상은 육신(肉身)을 말씀하신 것이니, 육신은 진실된 것이 아니기 때문이다. 육신은 아무리 아름다워도 지수화풍(地水火風＝흙, 물, 불, 바람의 기운)의 조합으로 조직된 것으로 따로 자체(생명)가 없다. 마치 건축물을 지을 때 각종 건축 자재들이 모여서 하나의 건물이 완성되는 것과 같이 육신도 이와 같은 것으로, 이것들을 원래대로 분리해 놓으면 아무것도 남는 것이 없게 된다. 아무리 훌륭한 건축물이라고 해도 자재를 분리해 놓으면 건축물이 아니듯, 신상(身相)도 원래대로 돌아가면 신상이 아니라는 말씀이다.

佛告須菩提 凡所有相 皆是虛妄 若見諸相 非相 卽見如來
불고수보리 범소유상 개시허망 약견제상 비상 즉견여래

부처님께서 수보리에게 말씀하시기를, 무릇 있는 바 상(相)
이 모두 허망한 것이니, 만약 모든 상(相)이 상(相) 아님을
보면 곧 여래를 본 것이다.

* 이 대목이 『금강경』 첫 번째 「사구게(四句偈)」이다.
  『금강경』에는 「사구게(四句偈)」가 일곱 군데가 있다. 이것
을 『금강경』 「칠사구게(七四句偈)」라고 한다.
  사구(四句)는 네 글귀라는 말이고, 게(偈)는 시와 노래를
뜻하는 것으로 「사구게」는 네 글귀로 되어 있는 게송(偈頌)
을 말한다. 즉 부처님 말씀의 핵심을 네 구절 게송으로 함
축해놓은 말씀이다.

  '범소유상(凡所有相), 개시허망(皆是虛妄), 약견제상비상(若
見諸相非相), 즉견여래(卽見如來)'

  '무릇 있는 바 상(相)은 모두 허망한 것이니, 만약 모든
상이 상 아닌 것만 보면(깨달아 알면) 곧 여래를 본 것이다'
  무릇 있는 바 상(相)이라고 한 것은 우주(宇宙) 안의 일체
모든 상을 말씀하신 것이고, 내 마음에서 일어나는 일체 모
든 상을 말씀하신 것이니, 허망(虛妄)하다는 것은 상은 아무
리 아름답고 거룩해도 모두 지수화풍(地水火風)으로 조합된
것으로 실체(實體=영원한 생명)가 없어 언젠가는 반드시 없

어지게 되어 있어 진실되어 영원한 것이 하나도 없다는 말씀이다.

어느 날 문득 거울을 보니, 추하게 생긴 낯선 늙은이가 나를 보고 빙그레 웃고 있다. 얼마 전까지 있던 젊고 건장한 젊은이는 어디로 갔는가? 세월이 무상하고 허망하다는 사실을 모르는 사람은 없을 게다. 있는 것은 반드시 없어지고 영원히 존재하지 못한다. 태어남은 죽음을 전제로 한 것이고, 만나는 것도 모두 헤어짐을 전제로 한다. 부자가 거지가 되고, 건강했던 사람이 하루아침에 죽거나 불구가 되기도 하고, 무소불위(無所不爲)의 권력을 휘두르던 권력자가 하루아침에 감옥살이하는 초라한 신세가 되기도 하고, 중생들의 삶이란 누구나 예외 없이 이렇게 허망하기 이를 데 없다. 이 사실을 모르는 사람이 어디에 있겠는가, 그러나 우리는 이것들이 모두 남의 일이라고 착각하고 자신의 일이라고 생각하지 않으니 이것이야말로 참으로 허망하기 그지없는 노릇이다. 수십 년 동안 우리나라 정치를 좌지우지하며 세상을 흔들던 소위 삼 김 씨(김대중, 김영삼, 김종필)라는 사람들이 지금은 한 사람도 남아 있지 않다. 우리의 모습도 언젠가는 이렇게 흔적도 없이 사라지고 만다. 잘난 사람도 못난 사람도 때가 되면 모두 지수화풍(地水火風)으로 돌아가 흔적도 없이 사라져 허망하게 된다.

이 모든 상(相)이 허망하다는 사실을 절실히 알게 되면, 사람과 사람 사이에 척을 둘 필요도 없고, 원수 맺을 일도 없게 된다. 진실로 허망하여 실체가 없다는 것을 알게 되면 남과 다툴 일도 없고, 나다 너다, 분별할 일도 없게 되고 무엇에 집착할 일도 없게 된다.

「사구게」의 첫 구절과 두 번째 구절 '범소유상, 개시허망(凡所有相 皆是虛妄)'은 세상의 모든 상이 이렇게 허망하여 영원한 실체가 없다는 것을 말씀하신 것이고, 세 번째와 네 번째 구절인 '약견제상 비상 즉견여래(若見諸相 非相 卽見如來)'는 반대로 상이 허망하지 않은 이치(理致)를 말씀하신 것으로, 상이 상 아닌 이치를 알면 곧 여래를 본 것이라는 말씀이시다.

상(相)이 상 아니라는 말은, 상(相)은 지수화풍(地水火風)으로 이루어진 것으로, 그 자체는 시간이 가면 없어지지만, 그 상을 이루는 종자(種子)가 있으니, 이것이 상 이전의 상으로, 이것은 눈에 보이는 것도 아니고, 보이지 않는 것도 아니고, 불생불멸(不生不滅)이요, 불구부정(不垢不淨)이라, 이름 부칠 수도 없고, 이름도 아니고 이름 아닌 것도 아니다. 이것은 부처도 아니고 중생도 아닌, 나를 이루는 본질(本質)이니, 이것이 바로 부처의 종자(種子)인 불성(佛性)이다. 이것을 본 자는 모든 것(마음의 평화와 평등과 대자유)을 이룬 자라는 말이다.

보는 것이 눈이 아니고, 듣는 것이 귀가 아니고, 냄새 맡는 것이 코가 아니고, 맛보는 것이 혀가 아니고, 오고 가고 움직이는 것이 몸이 아니다.

산을 산이라고 하는 생각 때문에 산이 되고, 물을 물이라는 생각 때문에 물이 되는 것이지, 산은 자신이 산이라고 하지 않고, 물은 자신이 물이라고 하지 않는다. 그저 사람들이 산이요, 물이라고 할 뿐이다. 모든 것이 본래 자리로 돌아가면 그저 이름이 산이고 물일 뿐이다.

보고, 듣고, 오고가는 것이 모두 이와 같다(이것은 지식으로 알려고 하거나, 생각으로 알려고 하거나, 알음알이로 알려고 해서는 안 된다).

어느 스님이 운문 선사(雲門禪師)에게 물었다.
"부처가 무엇입니까"
"마른 똥막대기이다."

이것이 옛부터 지금까지 선객(禪客)들에게 전해오는 간시궐(乾屎橛＝똥막대기)이라는 공안(公案＝화두)이다(마른 똥막대기가 부처라면 세상천지에 부처 아닌 것이 없게 되고, 마른 똥막대기가 부처가 아니라면 모두가 부처가 아닌 것이 된다).

'백장청규(百仗淸規)'로 유명한 백장 스님이 마조 스님 밑에서 수행할 때 일이다. 어느 날 백장이 마조 스님을 모시고 들길을 가고 있는데, 풀숲에서 인기척에 놀라서 무엇인가 푸드득 하고 날아 간다. 이것을 보고 마조가 백장에게 묻는다.
"이것이 무엇이냐?"
"들오리입니다."
"어디로 갔느냐?"

"저쪽으로 날아갔습니다."

이때 마조 스님이 별안간 백장의 코를 잡아 비틀었다. 코를 비틀린 백장이 아프다고 소리 지르자,

"날아갔다더니 여기 있지 않느냐?"

이 소리에 백장은 확철대오(確徹大悟)했다고 한다.

다음 날 마조 스님이 설법을 하려고 법당을 들어서는 순간, 백장이 배석(拜席)을 치워 버렸다. 배석은 스님이 설법하기 전에 부처님께 절하고, 끝내고 절할 때 쓰는 방석이다. 배석이 없으니 설법을 못하고만 마조 스님이 백장을 방장으로 불러 따져 물었다.

"설법하기 전에 왜 배석을 치웠느냐?"

"어제 스님이 비트신 코가 아직도 아픕니다."

"그렇다면 어제 아팠던 그 마음은 어디에 두었느냐?"

"코가 오늘은 아프지 않습니다.   (『깨침의 미학』 참고)

6. 正信希有分(정신희유분) 올바른 믿음

須菩提 白佛言 世尊 頗有衆生 得聞如是言說章句 生實信不
수보리 백불언 세존 파유중생 득문여시언설장구 생실신부

수보리 부처님께 말씀드리기를, 세존이시어 중생들이 이 말
씀이나 글귀를 얻어듣고 실제로 믿겠습니까?

* 지금 21세기를 사는 우리에게도 이 「사구게」가 어려운데
그 당시 카스트(Caste) 제도가 엄격했던 사람들에게 이 말
씀이 얼마나 어렵고 놀랍고 생소했겠는가. 수보리가 「사구
게」를 듣고 너무 반갑고 놀라워 부처님께 되묻는다. 이와
같이 깊고 심오한 법문을 이해하고 믿고 따를 중생이 있겠
느냐고 염려되어 묻는다.

佛告須菩提 莫作是說 如來滅後 後五百歲 有持戒修福者 於此
章句 能生信心 以此爲實 當知是人 不於一佛二佛三四五佛 而
種善根 已於無量千萬佛所 種諸善根 聞是章句 乃至 一念 生
淨信者
불고수보리 막작시설 여래멸후 후오백세 유지계수복자 어차
장구 능생신심 이차위실 당지시인 불어일불이불삼사오불 이
종선근 이어무량천만불소 종제선근 문시장구 내지 일념 생
정신자

부처님께서 수보리에게 말씀하시기를, 그런 말을 하지마라, 여래가 멸한 후 오백 년 후에도 게(偈)를 갖고 복을 닦는 자는 이 말씀에 능히 믿는 마음이 나서 이로서 실답게 여길 것이니 마땅히 알라. 이 사람은 한 부처, 두 부처나, 셋, 넷, 다섯 부처에게서만 선근(善根)을 심은 것이 아니라, 무량 천만 불소(佛所)에서 모든 선근을 심었기에, 이 장구(章句)를 듣고 내지 한생각에 깨끗한 믿음을 내는 자임을 알아야 한다.

* 수보리가 이 법문의 뜻이 깊고 불가사의(不可思議)하여 후세에 박복한 중생들이 어떻게 신심(信心)을 낼까 하는 걱정을 하니 부처님께서 말씀하시기를, 내가 멸한 후, 오백 년, 또 오백 년이 가더라도 깨끗한 계(戒)를 지니는 자는 이것으로 자신의 안신입명처(安身立命處＝몸과 마음이 지극히 편안한 곳)를 삼을 것이다. 이 사람이야말로 비단, 일생 이생에만 닦은 사람이 아니라 무량 백 천 만 겁을 내려오면서 많은 부처님 계신 곳에서 선근(善根) 종자(種子)를 심은 사람이라는 말씀이고, 이런 사람은 이 법문에 한생각 문득, 자기 성품을 보아 깨닫게 된다는 말씀이다. 즉 어느 시대라도 인연 있는 중생은 있고, 인연(因緣) 있는 중생은 『금강경』을 '안심입명처(安心立命處)'로 삼아 깨끗한 신심(信心)을 내어 정진(精進)할 것이라는 말씀이다.

須菩提 如來 悉知悉見 是諸衆生 得 如是無量福德
수보리 여래 실지실견 시제중생 득 여시무량복덕

수보리야, 여래께서 다 알고, 다 보니, 이 모든 중생이 이와
같이 한량없는 복덕을 얻는다.

* 이 사구게의 진리를 깨친 사람은 자기를 아는 사람이고,
자신의 본래면목(本來面目)을 보아 아는 사람은 곧 여래를
본 사람이다. 여래를 보았다는 것은 자신이 여래와 한 몸이
라는 것이니, 여래가 다 알고 다 보는 것이 되어 한량없는
큰 복덕을 얻으니, 자기 성품을 본 자는 큰 복덕을 지음이
없이 짓고, 받음 없이 받음으로, 이것은 영원히 새지 않는
무루(無漏)의 복덕이 된다.

何以故 是諸衆生 無復我相 人相 衆生相 壽者相 無法相 亦無
非法相
하이고 시제중생 무부아상 인상 중생상 수자상 무법상 역무
비법상

어찌한 연고이냐 하면, 이 모든 중생은 다시는 아상, 인
상, 중생상, 수자상이 없으며, 또한 법 아닌 상도 없기 때
문이다.

* 진리를 깨친 사람은 다시는 사상(四相)에 걸리지 않으니,
법상(法相=천지만유의 모양, 세상의 온갖 모습)도 없고 역시
법 아닌 상(相)도 없기 때문이다.
　사람이 한생각만 돌려 깨우치게 되면 전날에 지내온 모든

행위가 한낱 꿈속의 일이 되어 버리고 새로운 세계가 전개되는 것이니, 어제까지 보아왔던 산이, 산은 산이나, 어제 보던 산이 아니다. 이것을 본 자는 이미 중생이 아니니, 사상(四相)이 있을 수 없고, 법이니 법 아니니 하는 상도 없게 된다는 말씀이다.

何以故 是諸衆生 若心取相 卽爲着我人衆生壽者 若取法相 卽着我人衆生壽者 何以故 若取非法相 卽着我人衆生壽者
하이고 시제중생 약심취상 즉위착아인중생수자 약취법상 즉착아인중생수자 하이고 약취비법상 즉착아인중생수자

어찌된 연고이냐 하면, 이 모든 중생이 만약, 마음에 상을 취하면 곧 아상·인상·중생상·수자상에 집착이 된 것이니, 만약 법상을 취할지라도 사상에 집착한 것이다. 어찌된 연고이냐, 만약 법 아닌 상을 취할지라도 곧, 아인중생수자상에 집착함이 되기 때문이다.

* 상(相)이라는 것은 그 무엇이라도 마음에 있으면 그것이 바로 상이다. 좋아도 상이고, 나빠도 상이고, 기쁘고 괴로운 것, 중생이요, 부처이니 하는 것, 걸리느니 안 걸리느니 하는 모든 것이 상이 되니, 그 어떤 조그마한 마음이라도 일어나면 모두가 상이 된다.
  그러면 상을 안 내고 어떻게 세상을 살아갈 수 있겠는가? 사람은 잠자리에서 일어나는 순간부터 생각을 하게 되고, 잠들어 있는 동안에도 꿈을 꾸고 꿈속에서도 생각을 하게

되는데 어떻게 상을 내지 않을 수가 있나?

여기서 잘 알아야 할 것이, 상을 내지 말라는 말은, 상을 내되 상을 상으로 보지 않고, 그 상에 끌려가지 않아야 한다는 것이다. 즉 상을 위한 상을 내지 않아야 한다는 말씀으로, 좋아도 상이고, 나빠도 상이라는 말씀은, 좋고 나쁘다는 그것에 빠져 끌려 다니지 않아야 한다는 말씀이다.

이 말은, 무엇을 보고, 무엇을 하던, 그것에 집중하고 노력하되 집착을 해서는 안 된다는 말이다. 집착이 곧 상이니 집착을 놓아 버리면 상은 생기지 않는다.

거듭 말하지만 상이 원래 있지 않은 것으로, 스스로 만들어서 상이 있는 것이니, 상을 상으로 보지 않고, 상 아닌 것으로 보지도 않으면 그만이다.

이렇게 가지되 가지지 않고, 안 가지되 안 갖지 않는 것, 이것이 상에 걸리지 않는 법이다.

是故 不應取法 不應取非法 以是義故 如來常說 汝等比丘 知我說法 如筏喻者 法尚應捨 何況非法
시고 불응취법 불응취비법 이시의고 여래상설 여등비구 지아설법 여벌유자 법상응사 하황비법

이런 고로 법에도 집착하지 말며 법 아닌 데에도 집착하지 말라. 이러한 뜻으로 여래가 항상 말하기를 "너희들 비구가 나의 설한 법을 뗏목에 비유함같이 알라 하였으니, 상서로운 법도 오히려 놓아 버려야 할 것이거늘 어찌 하물며 법 아닌 것이랴."

* 이 말씀은, 법(法)이 본래 없는 법을 법으로 하였으니, 법과 비법(非法)을 모두 내려놓아야 참 진리를 볼 수 있다는 말씀이다.

'지아설법 여벌유자 법상응사 하황비법(知我說法 如筏喩子 法相應捨 何況非法)'

이 말씀이 두 번째 「사구게」이다.

뗏목은 물을 건널 때 쓰는 도구이다. 부처님 법도 이와 같으니, 강을 건너기 위해서는 반드시 필요한 것이 뗏목이지만, 이미 강을 건너온 자에게는 더 이상 뗏목이 필요하지 않다. 이미 피안에 이른 자에게는 피안도 없고 차안도 없으니 어디에 법(法)과 비법(非法)이 존재하겠는가. 강을 건넌 자가 육지에서도 배를 타고 가려함은 어리석기 짝이 없는 일이다. 팔만사천법문(八萬四千法門)이 모두 강을 건너기 위한 도구요, 뗏목과 같은 것임을 알아야 한다.

옛 선현들의 말씀에 달을 가리키면 달을 봐야지 가리키는 손가락을 보지 말라 하셨다. 우리는 지금 손가락을 보고 있는지 달을 보고 있는지 살피고 또 살펴야 할 것이다.

7. 無得無說分(무득무설분)
설한 것도 없고 얻은 것도 없다

須菩提 於意云何 如來得阿耨多羅三藐三菩提耶 如來有所說法
耶 須菩提言 如我解佛所說義 無有定法 名阿耨多羅三藐三菩
提 亦無有定法 如來可說

수보리 어의운하 여래득아뇩다라삼먁삼보리야 여래유소설법
야 수보리언 여아해불소설의 무유정법 명아뇩다라삼먁삼보
리 역무유정법 여래가설

수보리야, 네 생각은 어떠하냐. 여래가 '아뇩다라삼먁삼보
리'를 얻었다 하느냐, 또 여래가 설한 법이 있느냐, 수보리
가 말씀드리되, 제가 부처님께서 말씀하신 뜻을 아는 바 같
아서는 정한 법이 없는 것을 이름하여 '아뇩다라삼먁삼보리'
라 하고, 역시 정한 법 없는 것을 여래께서 가히 말씀하셨
습니다.

* 아뇩다라삼먁삼보리는 최고 최상의 진리이다, 우리가 불
법을 배우고 따르는 것은 최상의 진리를 얻어 영원한 행복
을 찾기 위함이다.

어떻게 해야 영원한 행복을 얻을 수 있겠는가? 거듭 말하
지만, 영원한 행복을 얻고자 하는 사람은 모든 상(相)으로
부터 자유로워야 한다. 상에 매이게 되면 자유가 없게 되니,

자유가 없는 삶은 행복할 수가 없다. 그래서 앞 대목에서는 법(法)과 비법(非法) 모두를 넘어서야 한다고 말씀하셨다. 이 말씀은 법에도 걸리지 않아야 하고, 법 아닌 것에도 걸리지 않아야 하고, 버린다거나 버리지 않는다는 것에도 걸리지 않아야 진정으로 법을 넘어선 대자유인이라는 말씀이다. 그리고 이 대목에서는 수보리에게, "너는 여래가 '아뇩다라삼먁삼보리'를 얻었다고 생각하느냐?"고 묻는다. 그리고 여래가 설한 바 법이 있느냐고 묻는다. 수보리가 "제가 부처님의 말씀하신 뜻을 알기로는 아뇩다라삼먁삼보리는 이름지을 정해진 법도 없고, 또 부처님께서 법을 설하신 일정한 법도 없습니다."고 대답한다.

이 말은, 다시 말하지만 부처님 법은 어디에도 걸리지 않는 법이니, 법에도 걸리지 않고, 법 아닌 것에도 걸리지 않는 것으로, 불법(佛法)은 획일적(劃一的)으로 어떤 공식(公式)이 정해져 있는 것이 아니고, 대상(對象)에 따라 다르게 적용된다는 말씀이다. 이렇게 대상에 따라 다르게 적용되는 법을 '무위법(無爲法)'이라고 한다.

불법은 본래 일정한 법이 정해져 있는 것이 아니고, 정해져있는 법을 초월한 법이다. 그러므로 부처님 법은 같은 뜻이라도 대상에 따라 다르게 전하게 된다. 설한 법이 획일적으로 일정하지 않다.

(무위법에 대해서는 다음 대목에서 자세히 설명하기로 한다.)

何以故　如來所說法　皆不可取　不可說　非法　非非法　所以者何
一切賢聖　皆以無爲法　而有差別
하이고　여래소설법　개불가취　불가설　비법　비비법　소이자하
일체현성　개이무위법　이유차별

어찌하여　그런가　하면,　여래께서　설하신　법(法)은　다　가히
취할　수도　없으며,　가히　말할　수도　없으며,　법(法)도　아니
며,　법(法)　아님도　아니기　때문입니다.　어째서　그런가　하면
일체현성(一切現聖)이　모두　무위법(無爲法)　하나로　차별이
있는　까닭입니다.

* 여래께서　설하신　법은　일정한　법이　없다는　말씀은,　일체
모두가　무위법이기　때문이다.
　무위법(無爲法)은　'현상을　초월한　상주불변(常住不變)의　존
재'로　생멸(生滅)의　변화가　없는　법(法)이다.
　'상주불변하여　생멸의　변화가　없는　존재'라는　것은,　삼라
만상(森羅萬象)　일체　모든　것들은　그것들만의　본질(本質)을
지니고　있고,　이것은　영원히　변하지　않는다는　뜻이다.
　상(相)은　인연　따라　모습이　변하지만,　상이　본래　지니고
있는　본질(本質),　이　본질은　영원히　변하지　않는　것으로,　너
도　있고,　나도　있고,　삼라만상　일체　모두가　다　지니고　있는
것,　이것을　상주(常住)　불변(不變)하는　존재라　하고　이것이
바로　불성(佛性)이다.
　이것은　취할　수도　없고,　말할　수도　없고,　법도　아니고,　법
아님도　아니다.　그러므로　이　무위법은　말과　글로　설명하기

가 매우 어렵다. 그래서 부처님께서 이 대목에서 말씀하시기를, 무위법은 가히 취할 수도 없고, 말할 수도 없고, 법도 아니고, 법 아님도 아니라고 하셨다.

일체 중생의 본질(本質)은 모두 이렇게 같지만, 상(相)이 제각기 다르기 때문에 하나가 아닌 것이기에, 부처님께서 법을 전할 때, 중생의 근기(根機=부처의 가르침을 받아들일 수 있는 중생의 소질이나 근성)에 따라 대상에 따라 다르게 말씀하셨다. 그래서 같은 것을 두고도, 대상에 따라 어느 때는 크다고 하고, 어느 때는 작다고 하고, 있다고 하고, 없다고 하고, 법이 있다고 하고, 법이 없다고 하고, 법이라고 하고, 법이 아니라고 하셨다. 그리고 하나도 취하지 말라고 하고, 하나도 버리지 말라고 하시고, 상(相)이라고 하고 상이 아니라고 하고, 바라밀이라고 하고, 바라밀이 아니라고 하셨다.

부처님 법은 이렇게 모두 중생의 근기에 따라 다르게 전하게 되니, 일정한 획일적인 법이 정해져 있지 않아, 취할 수도 없고 말할 수도 없으며, 법이면서 법(法)이 아니고, 법 아닌 것도 아니니, 이것이 바로 '무위법'이다.

부처님 법은 이렇게 같은 법을 전할 때도 그 대상에 따라 방법이 각각 다르게 된다.

이렇게 모두를 대하게 되니, 아귀(餓鬼)를 만나면 아귀가 되어 아귀가 이해할 수 있는 아귀도(餓鬼圖)를 설하고, 축생(畜生)을 만나면 축생이 되어 축생들이 이해할 수 있게 축생도(畜生圖)를 설하신 것으로, 인간이 축생의 말을 알아들

을 수 없고, 축생이 인간의 말을 알아들을 수 없다. 축생을
제도(濟度)하기 위해서는 축생이 되어 축생의 입장에서 축
생이 알아들을 수 있는 축생의 말로 해야지, 인간의 입장에
서 인간의 말로 아무리 떠들어 봐야 소용없는 일이다.

이와 같이 부처님 법은 때와 장소와 무량 무수한 중생의
근기(根機)에 따라 각각 차별(差別)이 있게 설하신 법이기
때문에, 어느 입장에서 그 입장에서만 보면, 법이 법 아니게
보일 수 있다. 즉 같은 법이라도 중생들의 근기에 따라 다
르게 말씀하셨으니 입장에 따라 듣기에 따라 전혀 다른 말
이 될 수 있다. 그러므로 부처님 법은 취할 수도 없고, 말할
수도 없고, 법도 아니며, 법 아님도 아니게 된다.

부연 설명을 하자면, 중생들의 본질은 모두 같지만, 현실
의 삶은 모두가 다르다. 종(種)이 다르고, 생긴 모습이 다르
고, 살아가는 방법이 다르고, 환경이 다르고, 표현 방법이
다르고, 말이 다르고, 문화가 다르고, 습관, 속성, 생각 등이
모두 다르다. 이렇게 모두가 차별이 있는 이들에게 똑같은
말과 똑같은 방법으로 법을 전했을 때, 과연 모두 알아들을
수 있겠는가. 그래서 부처님께서는 왕(王)을 만나면 왕이
되어 왕에 맞는 법을 설하시고, 천민(賤民)을 만나면 똑같은
법을 천민이 되어 천민에 맞게 설하셨고, 축생(畜生), 아수
라(阿修羅), 미물(微物)들을 만나면 각각 그들이 되어 그들
에 맞는 법을 설하셨다. 그러므로 불법(佛法)은 획일적(劃一
的)인 일정(一定)한 법(法)이 존재하지 않게 된다.

부처님께서 같은 하나를 놓고 왜 이렇게 다르게 말씀하셨

는가 하면, 앞에서 여러 번 설명한 것처럼 중생은 본질(本質)은 같지만, 현실(現實)이 모두 다르기 때문이다.

거듭 말하지만 중생은 종(種)이 다르고 말과 행동(行動)과 생긴 모양과 살아가는 모습이 모두 다르다. 하지만 일체 모든 중생들의 본래면목(本來面目)은 하나로 같다. 웃는 모습이 모두 같고, 웃는 소리가 같고, 즐거워하는 모습이 같고, 슬퍼하는 모습과 슬피 우는 소리가 같다. 이것이 바로 일체 중생이 본래 하나라는 증거이다.

수많은 관중이 모인 스포츠 경기장에 가보라. 선수들 동작 하나 하나에 관중들은 환호(歡呼)와 탄식(歎息)을 거듭한다. 이렇게 수많은 관중이 환호와 탄식을 할 때, 이때 이 순간의 모든 마음은 하나로, 이 순간은 그 어떤 일체의 감정도 들어 있지 않다. 이때 이 순간의 마음이 중생의 본래 모습이고 이것이 바로 불성이라고 하는 것이다.

이렇게 본래로 돌아가면 모두가 다르지 않다. 하지만 현실은 모두가 다르다. 그러므로 같지만 다르게 된다.

이 대목에서 잠시 부처님 화신(化身)에 대해서 생각해 보기로 한다.

석가모니 부처님을 천 백 억 화신(千百億化身)이라고 한다. 무엇이 천 백 억 화신인가.

내가 어렸을 때 아버지께서 말씀하시기를, "토끼 사냥하는 사람은 토끼가 되어야 토끼를 잡을 수 있고, 노루 사냥하는 사람은 노루가 되어야 노루를 잡을 수 있고, 멧돼지를 잡으려는 사람은 멧돼지가 되어야 멧돼지를 잡을 수 있다." 고 하셨다. 이 말씀을 듣고 과연 그렇겠구나 하고 어떻게 하면 토끼의 마음이 될 수 있을까 하고 궁리(窮理)를 한 적 이 있다.

이 말씀은 지금 생각해 봐도 맞는 말씀이다. 토끼를 잡으 려는 사람이 사람의 마음으로 토끼를 보면 토끼의 마음을 알 수 있겠는가. 토끼를 잡으려는 사람은 토끼가 되어야 토 끼의 마음을 알고, 행동(行動)을 알고, 속성(屬性)을 알게 되 는 것이지, 토끼가 되지 않으면 이 모두를 모르게 되어 결 국 토끼를 잡을 수 없게 된다. 이 말은 무엇을 하든 그 대 상을 정확히 알아, 그 대상과 내가 하나가 되어야 목적(目 的)을 이룰 수 있다는 말이다.

기도 정진하는 사람들도 이와 같아야 한다. 기도 하는 대 상과 내가 하나가 되었을 때, 기도 성취가 이루어지는 것이 지, 이것이 되지 않으면 백날을 기도해도 성취가 어렵다. 관 세음보살 기도하는 사람은 관세음보살과 내가 하나가 되어 야 하고, 지장보살 기도하는 사람은 내가 지장보살과 하나 가 되어야 한다. 이렇게 되면 세상에 이루어지지 않는 기도 는 없게 된다. 생각해보라. 내가 관세음보살이고, 내가 지장 보살이고, 내가 부처인데 이루어지지 않는 것이 어디에 있 겠는가.

석가모니 부처님을 천 백 억 화신이라고 부르는 것은, 부 처님께서는 위에서 말한 사냥꾼과 같은 것이니, 국왕(國王) 을 만나면 국왕이 되고, 재상(宰相)을 만나면 재상이 되고,

장사꾼을 만나면 장사꾼이 되고, 걸인(乞人)을 만나면 걸인
이 되고, 사자(獅子)를 만나면 사자가 되고, 사슴을 만나면
사슴이 되고, 무정물(無情物)을 만나면 무정물이 되고, 이렇
게 수없는 모습으로 화(化)하여 그들에 맞게 설법(說法)을
하고 교화(敎化)하게 되니, 항하(恒河)의 모래 수(數)보다 더
많은 중생들의 마음을 일일이 다 보고, 다 알고, 그들로 화
(和)하여 교화하니 이것을 천백 억 화신(千百億化身)이라고
한다.

8. 依法出生分(의법출생분) 법에 의지하여 나옴

須菩提 於意云何 若人 滿三千大千世界七寶 以用布施 是人
所得福德 寧爲多不 須菩提言 甚多 世尊 何以故 是福德 卽非
福德性 是故 如來說福德多
수보리 어의운하 약인 만삼천대천세계칠보 이용보시 시인
소득복덕 영위다부 수보리언 심다 세존 하이고 시복덕 즉비
복덕성 시고 여래설복덕다

수보리야 네 생각은 어떠하냐. 만약 어떤 사람이 삼천대천
세계를 가득 채울 만큼 많은 칠보로 보시를 하면 이 사람의
얻은 바 복덕이 얼마나 많겠느냐. 수보리가 말씀드리기를,
매우 많습니다, 세존이시여, 어찌된 연고이냐 하면, 이 복덕
은 곧 복덕의 본질이 아니니 이런 고로 여래께서 복덕이 많
다고 하셨습니다.

* 부처님께서 삼천대천세계를 덮을 만큼 많은 칠보로 물질
보시한 공덕이 얼마나 많은가를 수보리에게 물으니, 수보리
가 매우 많다고 말한다. 그리고는 이 복덕은 영원한 복덕성
이 아니라고 했다. 왜 이런 말씀을 하셨는가? 물질 보시는
상(相)이 없는 보시의 복덕 성품이 아니고, 상(相)이 있는
복덕이기 때문에, 많고 적다는 숫자로 헤아리게 되므로 숫
자상으로 많다고 한 것이 된다.

若復有人　於此經中　受持乃至四句偈等　爲他人說　其福　勝彼
何以故　須菩提　一切諸佛　及諸佛阿耨多羅三藐三菩提法　皆從
此經出
약부유인　어차경중　수지내지사구게등　위타인설　기복　승피
하이고　수보리　일체제불　급제불아뇩다라삼먁삼보리법　개종
차경출

만약, 다시 어떤 사람이 있어 이 경 가운데에서 내지「사구
게」등을 받아 지니고 남을 위해 일러주면 그 복덕이 저 칠
보로 보시한 것보다 뛰어나다. 왜냐하면, 수보리야 일체 모
든 부처와 모든 부처의 아뇩다라삼먁삼보리 법이 모두 이
경으로부터 나오는 까닭이다.

* 위에서는 칠보로 보시한 물질보시 공덕을 말씀하시고, 여
기에서는 법을 깨달아 내가 알고 다른 사람에게 알려준 복
덕이 이보다 더 많다고 하시고, 특히「사구게」만이라도 자
신이 알고 남을 위해 일러주면 이 사람이 지은 복덕이 삼천
세계를 모두 장식할 만큼 많은 칠보로 보시한 복덕보다 더
소중하다고 하셨다.
　이 말씀에 대해서 오해가 없어야 한다. 이 말씀은 물질보
시가 중요하지 않다는 것이 아니다. 중생은 물질을 떠나 존
재할 수 없다. 중생이 육신(肉身)을 보존(保存)하기 위해서
반드시 필요한 것이 물질이다. 그러나 이보다 더 중요한 것
이 중생(사람)의 마음이다. 왜 마음이 중요한가? 일체 모든

것들이 마음이 만들어내는 것이기 때문이다.

부처라는 것, 중생이라는 것, 하고자 하는 의욕, 건설과 파괴, 사랑하고, 미워하고, 시기 질투, 즐거움, 분노, 선과 악, 있다고 하거나 없다고 하는 일체(一切)의 모든 것들이 마음이 만들어 내는 것으로, 이 세상이 모두 마음따라 생겨나고 없어지고 하는 것이다.

진리(眞理)를 내가 먼저 알아 깨우치고 다른 이에게 전해 주어 그로 하여금 선한 마음을 내게 한다면, 첫째는 그 개인이 변할 것이고, 다음으로는 그가 속해 있는 사회가 변할 것이고, 나아가 모두가 이렇게 선한 마음을 내게 된다면 사바세계가 불국정토(佛國淨土)가 될 것이니, 이 복덕이야말로 삼천대천세계를 칠보로 장식한 공덕보다 더 클 것은 자명한 일이다.

이렇게 어떤 사람이, 악행(惡行)을 일삼는 사람에게「사구게」를 일러주어 잘못을 깨달아 악행을 멈추게 한다면 이 복덕(福德)이 얼마나 크겠는가. 우리 속담(俗談)에 '수양산 그늘이 삼백 리를 간다'는 말이 있다. 이 말은 어느 한 사람의 행위(行爲)가 이 사람과는 전혀 관계없는 사람들에게까지 영향(影響)을 끼친다는 뜻이다. 실제로 우리는 이런 사실을 수없이 보고 느끼며 살아간다. 지금 이 순간에도 우리는 알게 모르게 이런 영향을 받고 있다. 쉽게 예를 들어, 고속도로를 지나다 보면 평소에는 전혀 정체되지 않던 구간에서 갑자기 심한 정체(停滯)를 겪는 일이 있다. 사정(事情)을 알고 보면 대개가 수십 리, 혹은 수백 리 앞에서 어느 한 사람의 사소한 부주위로 인해서이다. 이렇게 작은 행위 하나가 나와는 전혀 관계없는 수많은 사람들에게까지 피해를 주게 된다. 좋은 일도 역시 이와 같다. 내가 어떤 작은 선행(善行)을 해놓으면 이 선행이 나와는 전혀 일면식(一面識)도 없는 사람에게까지 영향을 주게 된다. 민족(民族)이나 국가(國家)로 보면 지도자(指導者) 한 사람의 생각에 의해서 그 국가의 운명(運命)이 결정되기도 한다. 이렇듯 모든 것은 사람의 생각이 만들어 낸다. 만약 어떤 사람이, 악정(惡政)과 폭정(暴政)을 일삼는 국가 지도자에게 「사구게」를 일러주어 한생각을 돌리게 한다면 그 국가 국민들의 운명이 바뀌게 될 것이니 이 공덕(功德)이 얼마나 크겠는가? 이 공덕(복덕)이야말로 삼천대천세계(三千大天世界)를 칠보(七寶)로 장식(裝飾)한 복덕보다 더 크다고 할 것이다.

거듭 말하지만, 이 말씀은 일체의 모두가 마음이 만들어 내는 것이니, 한 마음을 깨우쳐 참 진리를 알고, 다른 이들에게도 알게 하고 실천하게 한다면 이 세상이 불국토가 될 것이니, 이 공덕이야말로 무엇과도 비교할 수 없는 복덕이 된다는 말씀이다. 그리고 덧붙여 말씀하시기를, 과거·현재·미래의 모든 부처의 영원한 행복이 모두 이 경에서 나왔다고 하셨는데 이것 역시 같은 말씀이다.

불자들이 이 대목에서 꼭 알아야 할 것이, 물질(財)이 아무리 많아도 마음이 풍요롭지 못하면 이것은 번뇌를 일으키는 업보(業報)만 가중(加重)시킬 뿐, 영원한 행복을 찾는 데는 아무런 도움이 되지 못한다는 것이다. 가지면 가질수록 더 가지고 싶어지는 것이 물질의 속성이다. 중생은 이 더 가지고 싶어 하는 착심 때문에 번뇌가 일어나고, 번뇌로 인해서 괴로움이 생기게 된다. 그리고 물질은 아무리 많아도 유한(有限)한 것이기에 언젠가는 소진(消盡)되고 다시 원래대로 돌아가지만, 마음은 한 번 깨쳐 요달(了達)하게 되면 그것은 영원불멸(永遠不滅)이기에 영원히 행복하게 잘사는 법이 된다.

칠보로 삼천대천세계를 덮을 만큼 많은 복덕을 지어도 이것이 「사구게」를 본인이 확연히 깨닫고 다른 이에게 일러주어 그 사람을 깨우치게 한 공덕보다 크지 않다는 말씀은, 사람의 한생각 마음이 중요하기 때문이다.

須菩提 所謂佛法者 卽非佛法
수보리 소위불법자 즉비불법

수보리야, 이른바 불법이라는 것은 곧 불법이 아니다.

* 불법(佛法)이 불법이 아니라는 이 말은, 마음이라고 하는 것이 마음이 아니라는 말과 같다. 불법(佛法)이라는 이름이 불법일 수 없고, 마음이라는 이름이 마음일 수 없다. 불법이니, 마음이니 하는 모든 것들은 그저 이름일 뿐 그것이 진리당체(眞理當體)는 아니라는 말씀이다. 즉 이름이 진리당체가 아니니 이름에 빠지지 말아야 하고, 눈에 보이는 현상에 현혹되지 않아야한다('법이 법 아니고, 마음이 마음 아니다'에 대해서는 다음 하권에서 자세히 설명하기로 한다).

9. 一相無相分(일상무상분)
하나의 상도 상이 없다(고정관념의 부정)

須菩提 於意云何 須陀洹 能作是念 我得須陀洹果不 須菩提言
不也 世尊 何以故 須陀洹 名爲入流 而無所入 不入色聲香味
觸法 是名須陀洹
수보리 어의운하 수다원 능작시념 아득수다원과부 수보리언
불야 세존 하이고 수다원 명위입류 이무소입 불입색성향미
촉법 시명수다원

수보리야, 어찌 생각하느냐? 수다원이 능히 이런 생각을 하
되, 내가 수다원과를 얻었다고 하겠느냐, 수보리가 말씀드리
기를, 아닙니다, 세존이시여, 왜 그런가 하면, 수다원은 성
류(聖流=성현聖賢의 반열班列)에 든다는 이름이나, 들어간 바
없으므로, 빛과 소리와 향기와 맛과 접촉과 법에 들어가지
않으니, 이 이름이 수다원(須陀洹)입니다.

* 이 대목은 깨달음의 단계인 성문사과(聖門四果)에 대한 말
씀으로 불법(佛法)을 깨달아 가는 4단계 과정을 차례로 묻
고 답한 것이다. 먼저 첫 번째 단계인 수다원과를 말씀하시
고 다음으로 나머지 삼과(三果)를 차례로 말씀하시게 된다.
이것이 소승(小乘=개인의 수행에 의해서 깨달음에 이르는 종
파)의 사과(四果=깨달음에 이르는 소승의 네 가지 단계)로 완

전한 깨달음에 이르는 단계(과정)이다.

수다원은 제1과로 성현(聖賢)의 류(流)에 들어갔다는 이름이다. 즉 한 단계의 깨달음을 이루어 성현의 반열에 들었다는 뜻이다. 이 과를 얻은 자는 상(相)이 있는 상법(相法)의 세계에서 상이 없는 법계(法界)에 입문(入門)했다는 뜻이다. 이 수다원과(須陀洹果)를 얻은 사람이 내가 수다원과를 얻었다는 생각을 갖겠느냐는 부처님의 말씀에 수보리가 아니라고 말씀드리고, 수다원은 성류(聖流=성현의 반열)에 들었으나 성류에 들었다는 상(相)이 없이 들어 육진(六塵)에 물들지 않으니, 이 과를 얻은 자는 이미 깨달음을 얻은 것으로, 그저 이름이 수다원이라고 말씀드린다.

須菩提 於意云何 斯陀含 能作是念 我得斯陀含果不 須菩提言
不也 世尊 何以故 斯陀含 名一往來 而實無往來 是名斯陀含
수보리 어의운하 사다함 능작시념 아득사다함과부 수보리언
불야 세존 하이고 사다함 명일왕래 이실무왕래 시명사다함

수보리야 어찌 생각하느냐? 사다함이 능히 이런 생각을 하되 내가 사다함과를 얻었다 하겠느냐, 수보리가 말씀드리기를, 아닙니다, 세존이시여. 어찌된 연고이냐 하면, 사다함(斯陀含)은 한 번 갔다 온다는 뜻이나, 가고 옴이 없으니 사다함이라 이름합니다.

* 사다함(斯陀含)은 성문의 제2과로, 두 번의 깨달음의 단계에 들었다는 뜻으로, 한 번 갔다 온다는 뜻이다. 이 말은,

사다함과를 증득(證得)한 사람은 부지불식(不知不息) 간에 잘못된 생각을 내었다가도 곧바로 참회(懺悔)하여 그치며, 착심(着心)을 내었다가도 곧 깨달아 되돌리니 이것이 한 번 갔다 온다는 뜻이다. 즉 이 사다함과를 증득한 사람은 한순간 잘못된 마음을 내었다가도 곧 이것이 잘못된 것임을 깨달아 평상심(平常心)으로 돌아온다는 뜻이다. 그러나 진정으로 사다함과를 얻은 사람은 가고 옴이 있을 수 없으니, 망념(妄念)이 있을 수 없다. 그러하니 그저 이름이 사다함이라는 말이다.

須菩提 於意云何 阿那含 能作是念 我得阿那含果不 須菩提言 不也 世尊 何以故 阿那含 名爲不來 而實無不來 是故 名阿那含
수보리 어의운하 아나함 능작시념 아득아나함과부 수보리언 불야 세존 하이고 아나함 명위불래 이실무불래 시고 명아나함

수보리야, 어찌 생각하느냐? 아나함이 능히 이런 생각을 하되 내가 아나함과를 얻었다 하겠느냐, 수보리 말씀드리기를, 아닙니다, 세존이시여. 어찌된 연고이냐 하면 아나함은 오지 않는다는 말이오나, 실은 오지 않음이 없으니 이런 고로 이름이 아나함(阿那含)이라 합니다.

* 아나함(阿那含)은 성문(聖門)의 3과(果)로 이 단계에 오른 자는 세 번의 깨달음을 얻은 자로, 마음의 경계가 겉과 속이 모두 고요하고 깨끗하여 번뇌의 세계인 욕계(欲界)에 다시 오지 않는다는 뜻이다. 그러나 이 과(果)를 얻은 자는

오고가는 자체가 없으니 이런 고로 이름이 아나함(阿那含)
이라고 한다.

　이미 개달음을 얻어 성문(聖門)에 든 자에게는 오고감 자
체가 없으니 모두 이름이 그러하다는 말이다.

須菩提 於意云何 阿羅漢 能作是念 我得阿羅漢道不 須菩提言
不也 世尊 何以故 實無有法 名阿羅漢 世尊 若阿羅漢 作是念
我得阿羅漢道 卽爲着我人衆生壽者
수보리 어의운하 아라한 능작시념 아득아라한도부 수보리언
불야 세존 하이고 실무유법 명아라한 세존 약아라한 작시념
아득아라한도 즉위착아인중생수자

수보리야, 어찌 생각하느냐? 아라한이 능히 이런 생각을 가
지되 내가 아라한(阿羅漢) 도(道)를 얻었다 하겠느냐, 수보
리 말씀드리되 아닙니다, 세존이시여, 어찌된 연고인가 하
면, 실로 법이 있음이 없어야 이름이 아라한입니다. 세존이
시여, 만약 아라한이 이런 생각을 하되, 내가 아라한 도를
얻었다 하면, 곧 사상(四相)에 걸리기 때문입니다.

* 아라한(阿羅漢)은 성문 4과(果) 중에 가장 높은 넷째 과로
완전한 깨달음을 이루었다는 과이다. 이 아라한과(阿羅漢果)
를 증득한 자는 망상(妄想)을 없앨 것도 없고 진실(眞實)을
구할 것도 없이, 한 법도 있지 않음으로 더 이상 무엇이 있
을 수 없다는 이름이다. 이 과를 증득(證得)한 자는 모든 것

을 초월(超越)하여 대자유를 이룬 자이니, 이런 사람이 만약 내가 아라한 도를 얻었다고 한다면, 얻었다고 하는 그 생각이 사상(四相)에 걸리게 된다는 말씀으로, 만약 사상이 조금이라도 남아 있으면 아라한이 아니라는 말씀이다. 그러므로 아라한과를 증득한 자는 그 어디에도 걸림이 없으니 망상을 낼 것도 없고, 없앨 것도 없고, 진실을 구할 것도 없다.

世尊 佛說 我得無諍三昧人中 最爲第一 是第一離欲阿羅漢 世尊 我不作是念 我是離欲阿羅漢
세존 불설 아득무쟁삼매인중 최위제일 시제일이욕아라한 세존 아부작시념 아시이욕아라한

세존이시여, 부처님께서 내가 다툼이 없는 고요한 삼매(三昧)를 얻은 사람 가운데 가장 제일이라 이것이 제일 욕심을 떠난 아라한이라고 말씀하셨으나, 세존이시여, 내가 이러한 생각을 가져 내가 이 욕심을 떠난 아라한이라고 하지 않습니다.

* 이 말씀은 삼매를 얻은 사람은 삼매를 얻었다고 말하지 않는다는 말씀으로, 진정으로 욕심이 없는 사람은 본인이 욕심이 없다고 말하지 않고, 진정으로 맑고 깨끗한 사람은 깨끗하다고 말하지 않는다.
　이미 욕심을 떠나 맑고 깨끗한데 무엇이 있겠는가(삼매를 얻었다고 말하는 사람 중에 진정 삼매를 얻은 사람 없고, 욕심 없다고 말하는 사람 중에 욕심 없는 사람 없고, 깨끗하다고 말하는

사람 중에 진정 깨끗한 사람 하나도 없다).

世尊 我若作是念 我得阿羅漢道 世尊 卽不說須菩提 是樂阿蘭
那行者 以須菩提 實無所行 而名須菩提 是樂阿蘭那行
세존 아약작시념 아득아라한도 세존 즉불설수보리 시요아란
나행자 이수보리 실무소행 이명수보리 시요아란나행

세존이시여, 내가 만약 아라한 도를 얻었다는 생각을 가졌
으면 세존께서 곧 수보리에게 아라한 행을 즐기는 자라고
말씀하지 않으셨을 것이나, 실은 수보리가 행한 바가 없음
에, 수보리에게 '아란나(阿蘭那)'행(行)을 즐기는 자라고 이
름한 것입니다.

* '아란나'는 다툼이 없고 고요하다는 뜻이다. '수다원(須陀
洹)'과(果)에서 여기까지가 소승(小乘) 4과(果)에 대한 부처
님과 수보리의 문답이 끝난 것으로, 얻어도 얻음이 없이 얻
는 것이 진정으로 얻음이 된다는 말씀이다.
　그리고 이것은 깨달음으로 가는 단계에 대한 말씀이지만
위 대문에서 말씀하신 불법이 곧 불법이 아니라는 말씀과
같이, 깨달음을 얻은 자에게는 사과(四果)도 사과가 아니라
는 말씀으로, 일체의 모든 관념(觀念)에서 벗어나야 한다는
말씀이다.

10. 莊嚴淨土分(장엄정토분) 불국토의 장엄

佛告須菩提 於意云何 如來昔在燃燈佛所 於法 有所得不 不也
世尊 如來在燃燈佛所 於法 實無所得
불고수보리 어의운하 여래석재연등불소 어법 유소득부 불야
세존 여래재연등불소 어법 실무소득

부처님께서 수보리에게 말씀하셨다. 너는 어찌 생각하느냐
여래가 옛적에 연등부처님 처소에서 법을 얻은 바가 있다고
하겠느냐? 아닙니다, 세존이시여, 여래가 연등부처님 처소에
서 법을 실로 얻은 바가 없습니다.

* 연등불은 석가모니 이전의 부처님이라고 한다. 부처님께
서 수보리에게 묻기를, "연등부처님 처소에서 얻은 법이 있
다고 생각하느냐?"고 물으시니, 수보리는 "얻은 바 없습니
다"라고 대답한다. 왜 그런가?
    진정한 법은 부처님 도량에 있지 않다. 이 도리를 알아야
한다.
    이것은 스스로 깨달아 알아야 한다. 누구에게 말과 글로
배워 알 일이 아니다.

須菩提 於意云何 菩薩 莊嚴佛土不 不也 世尊 何以故 莊嚴佛
土者 卽非莊嚴 是名莊嚴
수보리 어의운하 보살 장엄불토부 불야 세존 하이고 장엄불

토자 즉비장엄 시명장엄

수보리야, 어찌 생각하는? 보살이 불토를 장엄(莊嚴)하느냐? 아닙니다, 세존이시여, 어찌된 연고인가 하면, 불토를 장엄한다는 것은 곧 장엄이 아니고 이 이름이 장엄입니다.

＊ 불토(佛土)를 장엄(莊嚴)한다는 것은 부처님 법계(法界)를 아름답게 단장(丹粧)하는 것을 말한다. 그리고 오탁악세(五濁惡世)에 물들어 있는 중생의 마음을 깨끗이 정화(淨化)한다는 뜻이다. 그러나 이렇게 장엄을 했어도 장엄했다는 마음이 조금이라도 남아 있으면 이것은 깨끗하게 단장하고 정화한 것이 될 수 없다는 말씀으로 장엄을 하되 상이 있는 장엄, 즉 장엄을 했다는 마음을 가지고 한 장엄은 장엄이 아니니 장엄의 공덕(功德)이 없다는 말씀이다. 장엄은 마음 없는 마음을 내는 것이 장엄이다. 그러므로 장엄은 함이 없이 하는 것이니, 보살이 불국토를 장엄했다는 것은 장엄이 아니라 그저 이름이 장엄이라는 말이다.

　(누구에게 보여주기 위한 행위나 생색을 내기위한 보시는 업보만 가중시킬 뿐 결코 공덕(복덕)이 되지 않는다.)

　다음은 달마대사(達磨大師)와 양무제(梁武帝, 464~549)의 대화 내용이다.

　서역(西域)에서 덕망(德望) 있는 스님이 본국에 온 것을 알게 된 양나라 황제 무제가 대사를 궁(宮)으로 초대했다. 대화 중에 황제가 달마대사에게 물었다.

"황제가 된 이래 나는 많은 사찰을 지었고 숱한 경전을 펴냈으며 수많은 승려들을 먹여 살렸다. 과연 이 모든 일들이 큰 공덕이 되겠는가?"

"전혀 공덕이 안 됩니다."

"어째서 공덕이 안 된다는 말인가?"

"그러한 것들은 모두 속세의 인과응보(因果應報)에 불과할 뿐 진정한 공덕이 아닙니다. 그것은 마치 물건의 그림자와 같은 것으로, 있는 것 같으나 실재로는 존재하지 않는 것들입니다."

"그렇다면 무엇이 진정한 공덕인가?"

"진정한 공덕이란, 밝고 맑은 지혜를 깨쳐서 아는 것인데 이러한 지혜는 본래 말로 답할 수 없고 침묵 속에 있는 것이기에 세상의 계산으로는 구하지 못합니다."

"그렇다면 불교의 성스러운 교리 가운데 첫째가는 것이 무엇인가?"

"전혀 성스러울 게 없습니다."

"내 앞에 있는 그대는 누구인가?"

"모릅니다."

是故 須菩提 諸菩薩摩訶薩 應如是生淸淨心 不應住色生心 不應住聲香味觸法生心 應無所住 而生其心

시고 수보리 제보살마하살 응여시생청정심 불응주색생심 불응주성향미촉법생심 응무소주 이생기심

이런 고로 수보리야, 모든 보살마하살은 응당 이와 같이 청정한 마음을 내어야 한다. 마땅히 색에 집착하여 마음을 내지 말며, 소리나 향기나 맛이나 촉감이나 법에 머물지 않고 마음을 낼 것이요, 응당 머무른 바 없이 그 마음을 내어야 한다.

* 응여시생청정심(應如是生淸淨心)
　불응주색생심(不應住色生心)
　불응주성향미촉법생심(不應住聲香味觸法生心)
　응무소주 이생기심(應無所住 而生起心)

이 말씀이 『금강경』 세 번째 「사구게」이다.

육조 혜능 선사가 아직 스님이 되기 전, 나무장수 시절에 나무를 팔러 어느 집에 갔는데 사랑채에서 이 대목을 읽는 소리가 들렸다. 혜능은 '응무소주이생기심(應無所住 而生起心)'이 한마디를 듣고 크게 깨달음을 얻어 출가를 결심했다고 한다.

부처님 말씀은 중생들 스스로가 자기본성(自己本性)을 깨치도록 하는데 있다. 그래서 『금강경』 시작부터 끝까지 일체의 모든 것들이 마음에서 일어나니, 시종일관 마음을 알라고 하셨고, 마음을 밝혀야 한다고 하셨고, 마음을 닦고, 마음을 깨쳐야 한다고 하셨다. 그리고 이 세 번째 「사구게」에서는 마음을 내는 법과, 마음을 머무는 법과, 마음을 쓰는 법과, 마음을 실천하는 법을 게송으로 설하셨다.

'마땅히 이와 같이 청정한 마음을 내어 어디에도 머무르는 바 없어야 한다'는 말씀은 무엇을 보고 듣고 행하던 그것에 집중하고 노력하되 집착하지 않아야 한다는 말씀이다.

무엇에든 집착을 하게 되면 오욕(五欲)이 생겨나고, 번뇌가 생기고, 사상(四相)이 생기게 되어 육진경계(六塵境界)에 빠지게 된다. 육진경계에 빠지면 육진(六塵=안이비설신의)의 종이 되어 번뇌에서 헤어날 수 없게 된다. 그러므로 마땅히 머무르는바 없이 마음을 내어야 하고, 머무른 바 없이 마음을 머물어야 한다는 말씀이다.

다시 말하면, 이 세 번째 사구게의 요지는, 불법을 지니고 행하는 자는 오직 마음에서 법을 배우고, 마음에서 법을 구하고, 마음에서 깨치고, 행하고, 마음 밖에서 법을 구하려하지 않아야 한다는 말씀과, 마음을 머무르는 법과, 쓰는 법, 행하는 법을 말씀하신 것으로, 마음은 본래 어느 한 곳에 고정되어 있는 것이 아니어서, 어디에도 머무르는 곳이 없다는 것과, 주처(住處)가 없는 이 마음에 집착(執着)하지 않아야 한다는 말씀이다.

중생의 마음이 무엇인가. 사람의 생각은 잠시도 가만히 있지를 못한다. 속담에 '며느리가 부엌에서 밥상을 들고 방에 들어갔다 나오는 짧은 시간 동안에도 생각이 수십 번 바뀐다'고 했다. 이렇게 사람의 생각은 잠시도 가만히 있지 못하고 온갖 곳을 돌아다닌다. 마음(생각)은 못가는 곳도 없고 가리는 곳도 없이 내키는 대로 잠시도 쉬지 않고 돌아다닌다. 마음의 속성(屬性)이 본래 이렇기 때문에 일정한 거처(居處)를 가질 수가 없게 되어 있다. 그래서 마음은 항상 힘들고, 괴롭고, 불안하고, 초조하고, 두렵고, 남을 경계(警戒)하고 의심(疑心)하는 것들이 반복된다. 불안(不安)하고 초조(焦燥)하고 두렵고 남을 의심하는 이것이 탐(貪)·진(瞋)·치(癡) 삼독심(三毒心)이 되어 수많은 일들을 만들어 낸다.

어떻게 하면 주처(住處)가 없이 천지사방 돌아다니는 이 마음을 한 곳에 정착시킬 수 있겠는가? 그 답이 세 번째 「사구게」이다.

'머무른 바 없이 마음을 내라' 하신 바로 그 자리에 마음을 머물러야 한다는 말씀이다. 어떻게 하면 그 자리에 마음을 묶어 둘 수가 있는가. 마음이란 본래 있지도 않고, 없지도 않고, 있기도 하고, 없기도 한 것임을 알아야 한다.

논리적인 방법은 간단하다. 일체의 모든 것들을 있는 그대로 가감(加減)없이 보면 된다. 그러면 마음이 그 자리에 그대로 있게 되기 때문에 사고(思考)로부터 자유로워지고, 사고로부터 자유로워지면 육진(六塵)에 끌려 다니지 않게 된다.

그러나 이것은 어디까지나 내가 알고 행하는 논리일 뿐, 참된 것은 본인이 직접 체득(體得)해서 요달(了達)해야 한다.

須菩提 譬如有人 身如須彌山王 於意云何 是身 爲大不 須菩提言 甚大 世尊 何以故 佛說非身 是名大身
수보리 비여유인 신여수미산왕 어의운하 시신 위대부 수보리언 심대 세존 하이고 불설비신 시명대신 수보리야, 비유하건대, 어떤 사람이 몸이 수미산(須彌山) 왕만큼 크다고 한다면 네 생각은 어떠하냐. 이 몸이 크다고 하겠느냐. 수보리 말씀드리되, 매우 큽니다. 세존이시여. 어찌된 연고인가 하면 부처님께서는 몸 아닌 몸을 말씀하시어, 이 이름이 큰 몸이라 하셨습니다.

* 수미산(須彌山)은 세상에서 가장 크고 높은 산으로, 묘고산(妙高山)이라고 하는 상상(想像)의 산이다. 높이와 넓이가 '삼백 삼십 육 만'리나 된다고 한다. 어떤 사람의 몸이 이만큼 크다면 이 몸이 크다고 하겠는가? 하고 수보리에게 물으니, 수보리가 그 뜻을 알고 '아무리 큰 몸이라도 이것은 상이 있는 몸이므로 제한된 몸에 불과할 뿐, 참으로 큰 몸은 상이 없는 몸 아닌 몸이라야 큰 몸이라고 부처님께서 말씀하셨습니다'고 말씀드린다. 이 말은 사람이 크다는 것은 몸이 큰 것을 말하는 것이 아니고, 마음이 크다는 뜻이니, 머무름 없는 대자유의 걸림 없는 마음이라야 진정 큰마음이라는 말씀이다.

(수미산이 아무리 크다 해도 하늘 아래 있고, 하늘이 아무리 높다 해도 우주 안에 있고, 우주가 아무리 넓고 크다 해도 마음 안에 있다. 마음은 어디 있는가?)

11. 無爲福勝分(무위복승분)
무위법의 뛰어난 복덕

須菩提 如恒河中所有沙數 如是沙等恒河 於意云何 是諸恒河沙
寧爲多不 須菩提言 甚多 世尊 但諸恒河 尚多無數 何況其沙
수보리 여항하중소유사수 여시사등항하 어의운하 시제항하사
영위다부 수보리언 심다 세존 단제항하 상다무수 하황기사

수보리야, 항하(갠지스 강) 가운데 있는 바, 모래수와같이 이
렇게 많은 항하가 있다 하면, 네 생각은 어떠하냐. 이 모든
항하의 모래가 얼마나 많다 하겠느냐, 수보리 말씀드리되,
매우 많습니다. 세존이시어, 다만 저 항하도 수없이 많거늘
어찌 하물며 그 모래까지이겠습니까.

* 항하의 모래수를 비유하신 것은, 우리가 사는 이 우주공간
에는 갠지스 강의 모래 수와 같이 이렇게 많은 세계가 존재
한다는 말씀이고, 이것은 중생의 마음을 비유로 든 것으로
시시각각 변하는 중생의 마음이 이렇게 많다는 뜻이다. 이
수의 많기가 얼마나 되겠는가 하고 수보리에게 물으니, 수보
리가 답하기를, 저 항하의 숫자도 수없이 많거늘 그 속에 있
는 모래 수 만큼이라면 헤아릴 수없이 많다고 대답한다.

일중일체다중일(一中一切多中一)
하나 속에 일체가 있고, 일체 속에 하나가 있으니,

일즉일체다즉일(一卽一切多卽一)
하나가 곧 일체요, 일체가 곧 하나이다.

일미진중함시방(一微塵中含十方)
한 티끌 속에 온 우주가 들어 있고,

일체진중역여시(一切塵中亦如是)
낱낱이 티끌마다 온 우주가 다 들어 있네.

의상(義湘, 625~702) 조사(祖師) 「법성게(法性偈)」9)의 한 구절이다. 이 게송의 뜻은, 모든 물체(사물)는 작은 입자(粒子)들이 모인 집합체이고, 이 입자들 모두가 각기 다른 생명체(生命體)이고, 이것을 분리해놓으면 이것들 모두는 개체(個體)이므로 각각의 세계를 제각기 이루고 있다는 말이다.

우리 몸을 비유로 든다면 우리의 몸은 수백 수천 억 개의 각기 다른 작은 세포들로 조직되어 있다. 이 세포 하나하나 모두가 제각기 다른 개체의 생명체이다. 우리가 볼 때 우리 몸은 그냥 한 몸이지만 실제로는 수없이 많은 다른 생명체들의 집합체이다. 그리고 이 작은 생명체들은 각기 그들만의 세계가 따로 존재한다. 그러므로 숫자로 헤아릴 수 없이

---

9) 신라의 의상(義湘)이 화엄학(華嚴學)의 핵심을 7언(言) 30구(句) 210자(字)로 요약한 게송.

많은 세계가 존재한다.

우주(宇宙)도 이와 같다. 우주도 이처럼 수많은 유정(有情) 무정(無情)의 생명(生命)들의 집합체로 한 생명에 불과하다. 우주도 더 넓고 더 큰 다른 세계에서 보면 그저 한 물체, 한 몸뚱이에 지나지 않는다.

부처님께서 이것을 많다고 보느냐고 물으니 수보리가 매우 많다고 한다.

須菩提 我今實言 告汝 若有善男子善女人 以七寶 滿爾所恒河沙數三千大千世界 以用布施 得福多不 須菩提言 甚多 世尊
수보리 아금실언 고여 약유선남자선여인 이칠보 만이소항하사수삼천대천세계 이용보시 득복다부 수보리언 심다 세존

수보리야, 내가 이제 진실한 말로 네게 고하니, 만약 선남자 선여인이 있어, 저 항하의 모래 수(數)대로 있는 삼천대천세계에 가득한 칠보(七寶)로서 보시에 쓴다면, 그 복덕이 얼마나 많다고 하겠느냐, 수보리가 말씀드리기를, 매우 많습니다, 세존이시여.

* 이 말씀은 지금부터 너에게 참된 진리를 전해줄 것이니 잘 들어라, 하시고, 만약 어떤 사람이 있어 항하의 모래 수보다 더 많은 삼천대천세계(三千大天世界)를 가득 덮을 만큼의 많은 칠보를 보시에 쓴다면 그 복덕이 얼마나 되겠느냐고 수보리에게 물으신 것이니, 이에 수보리가 '매우 많습니다, 세존이시여' 하였다.

부처님께서 이렇게 수보리에게 되물으신 것은 물질적 보시와 정신적 보시에 대해서 다시 한 번 강조하기 위해서이다.

눈에 보이는 물질(財)은 바람과 같은 것이다. 아무리 많다 해도 언젠가는 모두 흩어져 날아가 버리게 되어있다. 보시도 이와 같다. 물질보시는 그것이 아무리 귀한 것이고 많다 하더라도 상(相)이 있는 것이기 때문에 유한(有限)한 것으로 복덕이 정해져 있어 언젠가는 모두 소진되고 없어지지만, 정신적 보시, 즉 불법(佛法)을 익히고 깨달아 타인에게 전해주는 법(法) 보시는 그것이 아무리 적다고 해도 무한한 것이 된다. 그리고 항하의 모래를 비유로 드신 것은, 중생들의 마음과 정신세계와, 우리가 모르는 또 다른 세계가 강가의 모래 수보다 더 많이 존재한다는 말이다.

이렇게 많은 세계를 덮을 만큼의 재(財) 보시를 한다고 해도 이것은 상이 있는 보시이기에 대단히 많기는 하지만 이것은 인과응보(因果應報)에 관한 것으로 언젠가는 소진되어 없어져 흔적도 없이 사라진다. 그러므로 수보리가 이것은 유한(有限)한 것으로 숫자로 계산할 수 있는 것이니 숫자상 많다고 한 것이 된다.

佛告須菩提　若善男子善女人　於此經中　乃至　受持　四句偈等
爲他人說　而此福德　勝前福德
불고수보리　약선남자선여인　어차경중　내지　수지　사구게등
위타인설　이차복덕　승전복덕

부처님께서 수보리에게 말씀하시기를, 만약 선남자 선여인

이 이 경 가운데에 내지 사구게 등만이라도 본인이 깨쳐 지니고, 남을 위하여 일러준다면 이 복덕이 앞의 복덕보다 더 뛰어나다.

* 이 말씀은 진리를 내가 알고 남에게 전해주는 공덕에 대한 말씀으로, 사람(중생)의 한생각이 얼마나 중요한가에 대한 말씀이다.

불법을 깨달아 알고 남에게 전법을 한 보시는 영원하다는 이 말씀은, 거듭 말하지만 마음의 중요성을 강조하신 것이고, 나아가 전법(포교)의 중요성을 말씀하신 것이다.

칠보는 물질이고, 사구게는 법이다. 물질은 상이 있고, 법은 상이 없으니, 상(相)은 시간이 가고 세월이 가면 무너지고 부서지고 없어지므로 지나고 보면 무상(無相)한 것으로 찰나인 것이요. 법(法)은 불멸의 진리이므로 영원하다. 이 말씀은 위 대목에서 언급한 것처럼, 모든 것들이 마음이 만들어 내는 것이니, 물질보다 사람 개개인의 마음의 중요성을 강조하신 것이다.

12. 尊重正教分(존중정교분)
올바른 가르침의 존중

復次須菩提 隨說是經 乃至 四句偈等 當知此處 一切世間天人
阿修羅 皆應供養 如佛塔廟 何況有人 盡能受持讀誦
부차 수보리 수설시경 내지 사구게등 당지차처 일체세간천
인아수라 개응공양 여불탑묘 하황유인 진능수지독송

또한 수보리야, 이 경에 내지 「사구게」 등만 따라서 설(說)
할지라도 마땅히 알라, 이곳은 일체세간(一切世間)의 하늘
과, 사람과, 아수라가 다 응당 공양하기를 부처님의 탑과 사
원같이 대할 것이거늘 어찌 하물며 사람에 있어 다 능히 수
지하고 읽고 외움이겠느냐.

* 어느 곳이라도 「사구게」 등을 설하는 곳이라면 이곳은 부
처님의 사리(舍利)를 모신 탑묘와 같이, 모든 세간의 하늘이
며, 사람이며, 아수라들이 와서 공양하거늘, 하물며 어떤 사
람이 이 경전 전부를 수지 독송한다면 어찌 되겠는가, 이
공덕은 실로 말할 수 없이 크다는 말씀이다.

須菩提 當知 是人 成就最上第一希有之法 若是經典所在之處
卽爲有佛 若尊重弟子
수보리 당지 시인 성취최상제일희유지법 약시경전소재지처

즉위유불 약존중제자

수보리야, 마땅히 알라, 이 사람은 가장 높은 제일 희유한 법을 성취한 것이니, 만약 이 경전이 있는 처소는 곧 부처님과 존중받는 제자가 계시는 곳이다.

* 사구게를 수지하여 남에게 일러주는 공덕도 한량없이 크거늘, 이 경 전체를 수지 독송하는 사람이야말로 가장 잘 사는 법을 성취한 사람이라는 말씀이다. 이 경이 있는 곳은 곧 불·법·승(佛法僧) 삼보(三寶)가 있는 곳이 되니, 그곳이 곧 탑(塔)이요, 부처님 법 도량(道場)이다. 이곳에 부처님이 계심으로 이 법을 설하시고, 또한 이 법을 설하셨음으로 이 법을 믿고 행하고 따르는 제자가 있는 것이다. 그리고 이곳은 부처님이 계시는 불법도량이니, 도량은 크고 작은 곳이 따로 없다. 이 법이 있는 곳과, 이 법을 수지 독송하는 자들을 천인(天人) 아수라 모든 신중(神衆)이[10] 보호를 한다는 말씀이다.

부처님께서 전(前) 대목에서는 '아뇩다라삼먁삼보리'법은 사상(四相)이 없어, 제도할 자도 없고, 제도받을 자도 없으며, 이 없다는 상까지도 없다고 말씀하셨고, 이 대목에서는 이 경이 있는 곳에는 부처와 법과 제자가 있다고 하셨는데, 왜 이렇게 상반되는 말씀을 하셨는가에 대해서는 '응무소주 이생기심(應無所住 而生起心)'의 뜻을 헤아려 보면 바로 알게

_____

10) 신중(神衆): 불교의 수호신·호법신. 제석(帝釋)·범천(梵天)·사천왕(四天王)·금강역사(金剛力士)·팔부중(八部衆)·칠성(七星)·산신(山神) 등이 있음.

될 것이라 믿는다.

　가장 잘 사는 법은 무애자재(無碍自在)로 아무 걸림이 없
는 법이다.

13. 如法受持分(여법수지분)
경을 여법하게 받아 지니다

爾時 須菩提 白佛言 世尊 當何名此經 我等 云何奉持 佛告須
菩提 是經 名爲金剛般若波羅蜜 以是名字 汝當奉持 所以者何
須菩提 佛說般若波羅蜜 卽非般若波羅蜜 是名般若波羅蜜
이시 수보리 백불언 세존 당하명차경 아등 운하봉지 불고수
보리 시경 명위금강반야바라밀 이시명자 여당봉지 소이자하
수보리 불설반야바라밀 즉비반야바라밀 시명반야바라밀

그때 수보리 부처님께 여쭈어 말씀드린다. 세존이시여, 마땅
히 이 경을 무엇이라 이름하며, 우리들이 어떻게 받들어 지
녀야 합니까? 부처님께서 수보리에게 이르시기를, 이 경의
이름이 '금강반야바라밀'이니, 이 이름으로서 너희들은 마땅
히 받들어 지닐지니, 어찌한 까닭이냐, 수보리야, 내가 말한
반야바라밀은 곧 반야바라밀이 아니요, 이 이름이 반야바라
밀이기 때문이다.

* 부처님께서 이 경의 이름을 '금강반야바라밀'이라고 하신
것은, 반야바라밀(般若波羅蜜)이, 반야바라밀이 아니기 때문
이라고 하셨다. 왜 이런 말씀을 하셨는가? 본래 참 진리(眞
理)는 이름이 없기 때문이다. 즉 이 경을 『금강반야바라밀
경』이라고 부르되, 이름 자체에는 진리가 없으니 이름에 매

이지 말라는 말씀으로, 반야바라밀이라고 해도 반야바라밀이 아니고, 반야바라밀이 아니라고 해도 반야바라밀이다. 일체 모두가 이와 같다. 나를 나라고 해도 나고, 내가 아니라고 해도 나이다.

조금만 더 읽어가다 보면 곧 있지도 않고, 없지도 않다는 이 말씀을 이해하게 될 것이다. 그러나 이것은 어디까지나 설명이고, 이해하는 것일 뿐, 참 진리는 오직 깨달아 요달(了達)한 자만 알 수 있는 일이다. 깨달아 요달했다는 것은 『금강경』을 설하신 부처의 마음과 내 마음이 하나로 일치되었다는 말이다.

『금강경』을 설하신 부처의 마음과 내 마음이 하나가 되었는데 어찌 『금강경』을 모르겠는가.

須菩提 於意云何 如來有所說法不 須菩提 白佛言 世尊 如來無所說
수보리 어의운하 여래유소설법부 수보리 백불언 세존 여래무소설

수보리야, 네 뜻은 어떠하냐. 여래가 설한 바 법이 있느냐. 수보리 부처님께 말씀드린다. 세존이시여, 여래께서 설하신 바가 없습니다.

* '아뇩다라삼먁삼보리' 법을 깨달아 피안(彼岸)에 오른 자에

게는 설(說)했느냐, 안 했느냐, 있느냐, 없느냐, 하는 일체의
모든 시시비비(是是非非)가 모두 부질없는 소리일 뿐이다.

청산첩첩미타굴(靑山疊疊彌陀窟)
창해망망적멸궁(蒼海茫茫寂滅宮)
첩첩 쌓인 푸른 산, 부처님 계시지 않는 곳 없고,
망망대해 너른 바다 적멸보궁(寂滅寶宮) 아닌 곳 없네.

깊고 푸른 산, 망망대해, 세상천지에 보이는 것, 보이지
않는 것, 들리는 소리, 들리지 않는 소리, 이모두가 진리(眞
理) 아닌 것이 없다.
이 모두가 그대로 진리당체(眞理當體)인데 여기에 무슨 설
(說)한 법이 있고 없고가 있겠는가.

선지식들은 이것을 무정(無情)설법이라고 하고, 맹자(孟
子)는 이것을 호연지기(浩然之氣)라고 했다.
어찌하여 이 모두를 진리(眞理)라고 하고 불법(佛法)이라
하고 법문(法門)이라고 하는가. 그것은 이 모두가 생명이요,
색이요, 소리이고, 살아가는 모습이기 때문이다.
그러나 아무리 아름다운 색과 소리라도 눈이 뜨이고 귀가
열려 있어야 보이고 들리는 법이다. 눈이 있어도 눈을 뜨지
못하고, 귀가 있어도 귀를 막고 있거나, 들을 귀가 없다면
모두 소용없는 일이다.

須菩提 於意云何 三千大千世界 所有微塵 是爲多不 須菩提言
甚多 世尊 須菩提 諸微塵 如來說非微塵 是名微塵 如來說世
界 非世界 是名世界
수보리 어의운하 삼천대천세계 소유미진 시위다부 수보리언
심다 세존 수보리 제미진 여래설비미진 시명미진 여래설세
계 비세계 시명세계

수보리야, 어찌 생각하느냐, 삼천대천세계에 있는 미진(微塵
=티끌, 작은 입자)을 많다 하겠느냐, 수보리 말씀드리되, 매
우 많습니다, 세존이시여, 모든 미진을 여래께서는 미진이
아니라 이 이름이 미진이라고 말씀하시고, 여래께서는 세계
가, 세계가 아니라 이 이름이 세계라 하셨습니다.

* 아주 작은 입자(粒子)들이 모여서 물체를 이루고, 이 물체
들이 모여서 세계를 이루고 이것들이 모여서 삼천대천세계
가 되고, 삼천대천세계를 다시 흩뜨려 놓으면 원래의 입자
로 돌아가는 법이니, 근본으로 돌아가면 미진(微塵)이니, 우
주니, 세계니 따질 일이 아니다. 한생각에 끌려가면 팔만 사
천 번뇌가 생기고, 한생각 놓아 버리면 '아뇩다라삼먁삼보
리'를 얻게 되니, 티끌과 삼천대천세계가 본래 하나이듯, 번
뇌(煩惱)와 보리(菩提) 역시 하나에서 비롯된 것이니, 번뇌
를 버리고 보리를 찾을 수 없고, 보리를 떠나 번뇌가 따로
있지 않다. 번뇌와 보리는 그저 이름일 뿐이다. 한생각 놓아
버리면 본래로 돌아가니, 삼천세계(三天世界)와 미진(微塵)이
다르지 않고, 번뇌와 보리가 따로 있을 수 없다. 그러므로

이름이 번뇌요, 보리일 뿐이다.

須菩提 於意云何 可以三十二相 見如來不 不也 世尊 不可以
三十二相 得見如來 何以故 如來說三十二相 卽是非相　是名
三十二相
수보리 어의운하 가이삼십이상 견여래부 불야 세존 불가이
삼십이상 득견여래 하이고 여래설삼십이상 즉시비상 시명삼
십이상

수보리야, 어찌 생각하느냐, 가히 삼십이상으로 여래(如來)
를 보겠느냐, 아닙니다, 세존이시여. 가히 삼십이상을 여래
로 볼 수 없습니다. 어찌한 연고인가 하면 여래께서 말씀하
신 삼십이상은 곧 이것이 상(相)이 아니고, 이 이름이 삼십
이상(三十二相)이기 때문입니다.

* 여래(如來)를 삼십이응신(三十二應身)이라고 한다. 그러나
여래를 삼십이응신으로 본다 해도 맞지 않고, 삼십이응신
(三十二應身)으로 여래를 보지 못한다고 해도 맞지 않으니,
모두가 이름이 아뇩다라삼막삼보리요, 금강반야바라밀이요,
삼십이 응신이니, 이름이라고 해도 맞지 않고, 이름이 아니
라고 해도 맞지 않다. 계속 말하지만 이름과 눈에 보이는
상(相)에는 뜻이 없다.

須菩提　若有善男子善女人　以恒河沙等身命　布施　若復有人
於此經中 乃至 受持四句偈等 爲他人說 其福甚多

수보리 약유선남자선여인 이항하사등신명 보시 약부유인 어
차경중 내지 수지사구계등 위타인설 기복심다

수보리야, 만약 선남자선여인이 있어, 항하 모래와 같은
많은 목숨을 바쳐 보시하였을지라도, 만약 어떤 사람이던
이 경 가운데에 내지 「사구게」 등만이라도 수지하여, 남
을 위해 일러주는 이가 있다면 이 복덕이 저 복덕보다 훨
씬 많다.

* 세상의 무엇과도 바꿀 수 없는 것이 본인의 생명이다. 만
약 어떤 사람이 자신의 목숨을 아끼지 않고 여러 생(生) 동
안 남을 위해 보시했다고 하면 그 공덕이 얼마나 크겠는가.
하지만 그 공덕이, 누구라도 이 경의 「사구게」만이라도 깨
달아 알고, 남에게 전해준 공덕보다는 못하다는 말씀이다.

이 말씀 역시 사람의 마음의 중요성을 말씀하신 것으로,
사람이 깨달음을 얻어 올바른 마음을 지니는 것이 얼마나
중요한가를 비유로 드신 말씀이다.
사구게의 공덕에 대해서는 위에서 설명했기에 여기에서는
생략하기로 한다. 다시 한 번 강조하지만, 어느 한 사람의
마음이 바뀌면 그 여파가 수도 없이 많은 사람들에게 영향
이 간다. 만약 누구라도 진리를 먼저 본인이 깨달아 알고,
타인에게 한생각 깨우쳐 올바른 생각을 하고, 올바른 판단
을 하고, 올바른 행위를 하게 한다면 이것이 복덕 중에 최
상의 복덕을 짓는 것이라는 말씀이다.

14. 離相寂滅分(이상적멸분)
관념(상)을 떠난 열반

爾時 須菩提 聞說是經 深解義趣 涕淚悲泣 而白佛言 希有世
尊 佛說如是甚深經典 我從昔來 所得慧眼 未曾得聞如是之經
이시 수보리 문설시경 심해의취 체루비읍 이백불언 희유세
존 불설여시심심경전 아종석래 소득혜안 미증득문여시지경

그때 수보리 이 경을 듣고 깊이 뜻을 깨달아, 눈물을 흘리
며 슬피 울며 부처님께 말씀드린다. 희유하십니다, 세존이시
여. 부처님께서 이와 같이 심히 깊은 경전을 설하심은, 제가
예로부터 오면서 얻은 바 지혜의 눈으로는 일찍이 이와 같
은 경을 얻어듣지 못하였습니다.

* 수보리는 부처님 제자 중에 깨달음이 가장 뛰어나다고 한
다. 이렇게 깨달음이 뛰어난 수보리가 감격하여 눈물을 흘
렸다는 것은, 수보리가 그동안 몰랐던 법을 새롭게 알게 되
어 감격하여 눈물을 흘린 것이 아니고, 이렇게 심오하고 깊
은 법을 중생들을 위해 설해주신 부처님께 감격하고 고마워
서이다.

世尊 若復有人得聞是經 信心淸淨 卽生實相 當知是人 成就
第一 希有功德
세존 약부유인득문시경 신심청정 즉생실상 당지시인 성취
제일 희유공덕

세존이시여, 만약 어떤 사람이 이 경을 얻어듣고 신심(信心)
이 청정(淸淨)하면 곧 실상(實相)이 날 것이니, 이 사람은
제일 희유(稀有)한 공덕(功德)을 성취한 줄로 마땅히 알겠습
니다.

* 이어서 수보리가 부처님께, 만약 어떤 사람이 이 경의 뜻
을 깨달아 신심(信心)이 청정하면 이 사람은 곧 실상을 보
게 된 것이니, 부처의 실상을 본 사람은 최고의 공덕을 성
취한 사람이라고 말씀드린다.

　실상(實相)은 상(相)과 상(相) 아닌데 치우침이 없고, 있
고 없음에도 치우침이 없고, 머무름과 머무르지 않는 것에
도 치우침이 없고, 공덕과 공덕 아닌 것에도 걸리지 않고,
그 무엇에도 걸림이 없는 자유로움을 말한다. 이 경을 듣고
신심(信心)이 깨끗하게 된 사람은 제일 희유(稀有＝경이로움)
한 공덕 아닌 공덕을 성취한 사람으로, 대자유를 얻어 무애
자재(无碍自在)한 사람이다.

世尊 是實相者 卽是非相 是故 如來說名實相
세존 시실상자 즉시비상 시고 여래설명실상

세존이시여, 이 실다운 상이라는 것은, 곧 상(相)이, 상이 아닌지라 이런고로 여래께서 말씀하시기를 이름이 실상이라 하셨습니다.

* 일체 제상(諸相)은 모두 지수화풍(地水火風)으로 생겨난 것들로 상에는 영원한 생명(실상)이 없다. 그러면 실상이 어디에 있는가? 실상(實相)은 눈에 보이는 상에 있지 않고, 말에 있지도 않고, 글자에도 있지 않고, 명상(冥想)에 있지도 않다. 상은 그냥 상이고, 말은 그냥 말일 뿐이고, 글은 그냥 글자일 뿐이고, 명상은 그냥 명상일 뿐이다. 이 모두가 실상이 아니다. 그러나 눈에 보이는 것, 말과 글자, 명상이 모두 실상 아닌 것이 없다.

世尊 我今 得聞如是經典 信解受持 不足爲難 若當來世 後五百歲 其有衆生 得聞是經 信解受持 是人 卽爲第一希有 何以故 此人 無我相 無人相 無衆生相 無壽者相 所以者何 我相卽是非相 人相 衆生相 壽者相 卽是非相 何以故 離一切諸相卽名諸佛

세존 아금 득문여시경전 신해수지 부족위난 약당래세 후오백세 기유중생 득문시경 신해수지 시인 즉위제일희유 하이고 차인 무아상 무인상 무중생상 무수자상 소이자하 아상 즉시비상 인상 중생상 수자상 즉시비상 하이고 이일체제상 즉명제불

세존이시여, 제가 지금 이와 같은 경전을 얻어 듣고, 믿어

알고, 받아 지니기는 족히 어렵지 않습니다만, 만일 미래 오백 년 그 후 중생들이 이 경을 얻어 듣고 수지하여 믿고 따르는 이 사람은 곧 제일 희유(稀有)함이 될지니, 어찌한 연고인가하면, 이 사람은 아상(我相)도 없고, 인상(人相)도 없고, 중생상(衆生相)도 없고, 수자상(壽者相)도 없는 까닭입니다. 이 소이(所以, 까닭)가 무엇인가 하면, 아상이 곧 상이 아니며, 인상, 중생상, 수자상도 없는 까닭입니다. 어찌된 연고인가 하면, 일체 모든 상을 여의어서 곧 이름이 부처인 까닭입니다.

* 이 경을 신해수지(信解受持)한다는 것은, 이 경 내지 부처님 법을 완전히 이해하고 터득하고 깨달음을 얻은 것을 말한다. 오백 년이 지나도 이 경을 받아 지니고 깨달음을 얻은 사람은 있을 것이고, 이런 사람은 모든 것을 초월(超越)한 사람이니, 사상이 머물 일이 없다는 말씀이다.

　어떤 것이 머무름이 없는 것인가? 상(相)에 머물면 머문 상이고, 상에 머물지 않으면 머물지 않는 상이 되니, 집착하고 집착하지 않는 상을 모두 놓아야 이것이 모든 일체제상(一切諸相)을 떠난 것이 된다.

佛告須菩提　如是如是　若復有人　得聞是經　不驚　不怖　不畏
當知是人　甚爲希有
불고수보리 여시여시 약부유인 득문시경 불경 불포 불외 당지시인 심위희유

부처님께서 수보리에게 고하시되, 그렇다, 그렇다. 만약 다시 어떤 사람이 이 경을 얻어듣고, 놀라지도 않고, 겁내지도 않고, 두려워하지도 않으면 마땅히 알라, 이 사람은 매우 희유(稀有=경이로움)한 사람이다.

* 이 말씀은 잘 이해해야 한다. 당시의 시대상황으로 볼 때 부처님의 이와 같은 말씀은 그야말로 경천동지(驚天動地)할 만큼 충격적인 사건이었을 것으로 본다.

　부처님 당시의 인도 사회는 카스트(Caste) 제도의 철저한 신분(身分, 계급階級)사회였다. 이렇게 엄격한 신분사회에서 모든 생명은 평등하고 존귀하다고 하시고, 계급도 없고 천민과 귀족이 따로 있지 않고, 신분이라는 것이 원래 있지 않다고 하셨으니 놀라고 두려워하지 않을 사람이 얼마나 되었겠는가. 그리고 아상, 인상, 중생상, 수자상이 모두 본래 없는 것이며 이것을 버려야 진정한 자유를 얻을 수 있다고 하셨으니, 당시의 사람들로서는 듣도 보도 못한 그야말로 경천동지(驚天動地)할 말이니 이 말을 듣고 놀라지 않을 사람이 과연 얼마나 되었겠는가? 그러나 이것이 참된 진리이니 이것을 듣고 보고 놀라지 않는 사람은 이미 이 법을 요달(了達)해 마친 사람이니 경이로운 사람이다.

　당시에 만약 부처님께서 출세간(出世間)의 추앙(推仰)받는 분이 아니었다면 이런 진리를 아무도 믿고 인정하려 들지 않았을 것이고, 많은 박해(迫害)를 받았을 것이라고 생각한다.

　부처님께서는 세간(世間)에서는 한 나라의 태자(太子)이셨고, 출가해서는 삼계(三界)의 대스승이시고 사생(四生)의 자부(慈父)이시다. 그럼에도 불구하고 스스로를 한없이 낮추어 제자들과 조금도 다름없이 걸식하시고, 생활하시고, 몸소 일체의 모든 생명을 존중하고, 구분하지 않으셨고, 제자를 받아들일 때도 신분과 귀천을 가리지 않으셨다. 부처님께서는 모든 생명을 나를 대하듯 평등하게 대하고, 실천하셨으므로 이 말씀을 모두가 그대로 믿고 확신하고 추종하였을 것이라고 본다.

지금 세상도 마찬가지이다. 절대 신(神)을 주장하며, 스스로를 종으로 자처하는 사람들과, 아상에 빠져 자기밖에 모르는 사람이 만약 이 경을 보고, 이 경의 진정한 뜻을 알게 된다면 두려워하고 놀라지 않을 사람이 얼마나 되겠는가. 지금까지 기득권을 누려온 사람들은, 첫째로는 모두가 평등(平等)하다는 것을 인정하지 않으려 할 것이다. 그동안 내 소유물처럼 대하고 부려왔던 사람들이 하루아침에 자신과 동등(同等)한 인격체(人格體)라고 한다면 이것을 인정하고 믿으려 하겠는가. 두 번째는 지금까지 스스로를 종으로 알고 살아왔던 사람들이 이 경을 보고 본인들이 주인과 다르지 않다는 것을 자각(自覺)하게 되는 것을 인정하려 하지 않을 것이다. 또 두려워하는 것은 지금까지 지녀왔던 기득권이 없어지는 것에 대한 두려움일 것이다. 이 경을 수지독송하는 사람들은 세상의 모든 생명이 평등하다는 것을 알게 될 것이고, 신분의 차별이 본래 없는 것이라는 것을 알게 될 것이니, 이 경을 보고 놀라고 두려워하지 않겠는가.

만약, 지금도 패배주의(敗北主義)에 빠져 스스로 종을 자처하는 사람들이 있다면 이 대목을 읽고 자각해야 한다. 다시 말하지만 삼계(三界)의 모든 생명은 평등하다. 이 평등에는 예외가 없다. 부처와 중생이 다르지 않고, 신(神)과 인간(人間)이 다르지 않고, 인간과 축생(畜生)이 다르지 않고, 미물(微物)과 무정물(無情物) 또한 나와 다르지 않다. 다른 것은 겉모습과 생각뿐이다.

  이 경을 보고 놀라지 않는 사람은 경이(驚異)로운 사람이라고 한 말씀은, 이 경을 깨달아 마친 사람을 말한다. 이렇게 모든 생명은 평등하고 존귀(尊貴)한 것이라는 것을 깨달아 마친 이 사람에게는 여래(如來)가 말씀하신 바라밀이 그저 이름이 바라밀일 뿐이다.

何以故 須菩提 如來說第一波羅蜜 卽非第一波羅蜜 是名第一
波羅蜜
하이고 수보리 여래설제일바라밀 즉비제일바라밀 시명제일
바라밀

어찌된 연고이냐 하면, 수보리야. 여래가 제일바라밀이라고
말한 것도 제일 바라밀이 아니요, 이 이름이 제일 바라밀이
기 때문이다.

* 제일 바라밀은 육바라밀 중에 첫 번째 바라밀인 보시 바라밀을 말한다. 바라밀이 그저 이름이 바라밀이라고 하신 말씀은, 참 진리를 얻은 사람의 입장에서 보면 당연한 말씀이다. 신심이 모두 청정하여 참다운 진리를 얻은 희유한 사

람은 보시에 매이지 않고 보시를 하게 되니, 줄 사람도 없고 받을 사람도 없고, 베푼 사람도 없고 받은 사람도 없고, 주고받을 물건이나 법도 없게 되니, 여기에는 바라밀이라는 피안(彼岸)도 없을지니 차안(此岸)이 있을 수 없다. 그러므로 모두가 그저 이름이 그럴 뿐이다.

須菩提 忍辱波羅蜜 如來說非忍辱波羅蜜 是名忍辱波羅密 何以故 須菩提 如我昔爲歌利王 割截身體 我於爾時 無我相 無人相 無衆生相 無壽者相 何以故 我於往昔節節支解時 若有我相 人相 衆生相 壽者相 應生嗔恨
수보리 인욕바라밀 여래설비인욕바라밀 시명인욕바라밀 하이고 수보리 여아석위가리왕 할절신체 아어이시 무아상 무인상 무중생상 무수자상 하이고 아어왕석절절지해시 약유아상 인상 중생상 수자상 응생진한

수보리야, 인욕바라밀을 여래는 인욕바라밀이 아니고 이 이름이 인욕바라밀이라고 말하였다. 어찌된 연고이냐, 수보리야, 내가 옛적에 '가리 왕'에게 신체를 베이고, 잘림을 당하였을 때, 내가 그때에 아상이 없었고, 인상도 없었고, 중생상도 없었고, 수자상도 없었으니, 어찌된 연고이냐, 내가 지나간 날, 가리 왕에게 사지를 잘리고 찢길 때, 만약 아상·인상·중생상·수자상이 있었다면 응당(應當) 성내고 원망(怨望)하는 마음을 내었을 것이다.

* 이 말씀은 깨달음의 경지에서 말씀하시는 것이니, 인간의

입장에서 보거나, 인간의 육체를 그대로 반영해 이해하려면 안 된다. 육체는 상처만 조금 나도 고통스러워 못 견디게 되어있다. 그렇다면 이 말씀을 어떻게 받아들여야 하는가? '가리'는 '극악무도(極惡無道)한 자'라는 뜻이라고 한다.

옛날, 극악무도한 자들의 왕이 있었다, 부처님께서는 그때 인욕(忍辱)행을 닦는 선인(仙人)이었다고 한다.

어느 날, 가리 왕이 산중에서 사냥을 하다가 피곤하여 잠깐 낮잠을 자고 깨어보니 시녀(侍女)들이 한 사람도 보이지 않았다. 이리저리 찾아보니, 시녀들은 어떤 선인(仙人)이 고요히 앉아 선정(禪定)에 들어있는 곳을 둘러싸고 선인에게 절을 올리고 있는 것이었다. 가리왕은 크게 노하여 선인에게 "그대는 어찌하여 남의 여인을 탐내는가." 그러자 선인이 "나는 인욕계(忍辱戒)를 갖는다."고 대답했다. 그 말을 듣고 화가 난 가리 왕은 칼로 선인의 몸을 베고 자르고 하였다. 그러나 선인은 안색(顔色)도 변하지 않고, 가리 왕을 원망하는 생각도 없었다고 한다.

과연 이런 일이 실제로 있을 수 있겠는가? 육신(肉身)을 떠난 정신세계(精神世界)에서는 그럴 수 있다.

고(苦)를 고로 받아들이지 않으면 더 이상 고가 되지 않는다. 즉 아상(我相)을 완전히 떠난 상태에서는 모든 것들이 있을 수 없으니, 희열과 고통 이런 것들이 있을 수 없게 된다.

이것을 색(色)과 소리에 비유해보면 쉽게 이해할 수 있다. 소리는 고유의 파장(波長)과 주파수(周波數)를 가지고 있다는 사실을 모르는 사람은 없을 게다. 인간은 아주 큰소리와 아주 작은 소리를 듣지 못한다. 어떤 동물들은 아주 높은 초고주파의 소리로 소통을 하는데, 인간의 귀에는 들리지 않고 느낄 수도 없다. 반대로 작은 곤충들은 아주 낮은 초저주파로 소통하기 때문에 역시 우리 인간은 느낄 수가 없다. 그리고 색(色)도 마찬가지이다. 세상에는 수없이 많은 색이 존재하지만 인간은 인간이 볼 수 있는 색만 본다고 한다. 이것이 무슨 말이냐 하면 인간이 자각(自覺)하는 것은 무엇이든 정해져 한계가 있다는 말이다. 보는 것, 듣는 것, 느끼는 것, 이 모두가 인간의 경계 안에서 이루어지는 것이기에, 이 인간의 경계를 넘어선 경지에 도달하면 이런 희로애락(喜怒哀樂)을 느끼지 않을 수 있다는 말이다. 실제로 소리가 너무 크면 들리지 않고, 너무 작아도 들리지 않고, 고통도 너무 크면 느끼지 못한다.

　세상에는 수없이 많은 소리와 색이 존재하지만 인간이 듣고 보는 것은 지극히 일부에 지나지 않는다. 느끼는 감정과 감각, 희로애락도 마찬가지이다. 어느 경계를 넘어서면 느끼지 못한다.

　부처님은 일체의 모든 경계를 넘어서신 분이기에, 인욕이, 인욕이 아니다. 그리고 깨달음 '아뇩다라삼먁삼보리'를 얻은 자에게는 일체의 모든 것들이 자유자재 하니 희로애락 자체가 존재하지 않는다고 본다.

　중생이 지금의 정신세계를 넘어서면 차원이 다른 세계로 들어가게 된다. 한 차원 다른 세계, 아뇩다라삼먁삼보리의 세계에서 이 세계를 본다면 어떻겠는가. 그것은 마치 꿈을 깬 사람이 꿈속을 회상하는 것과 같을 것이다.

이 말은, 지금 우리가 살고 있는 이 세계가 다른 차원의 세계(진여眞如의 세계)에서 보면, 가상(假相)의 세계일 수 있다는 말이다. 진짜 세계는 따로 있고, 우리는 지금 가상의 세계에 살면서 이 세계를 진짜 세계로 믿고 있는 것일 수 있다는 말이다.

이 세계가 가상의 세계일 것이라는 것은 바로, 생로병사(生老病死)가 있기 때문이다. 지금 우리가 살고 있는 이 세계가 진짜 현실이라면 낳고 늙고 병들고 죽는 것이 없어야 한다. 생로병사가 존재하지 않는 세계, 이 세계가 바로 아뇩다라삼먁삼보리의 세계로 진짜 현실의 세계일수 있다. 이 세계에 들면 지금 우리가 현실(現實)이라고 믿고 있는 이 세계가 꿈속일 수 있다.

그리고 인욕(忍辱)은, 일반적으로 온갖 욕됨과 번뇌(煩惱)를 참고 원한(怨恨)을 일으키지 않는 것을 말한다. 그러나 진정한 인욕은 참고 원한을 일으키지 않는 것이 아니다. 진정한 인욕은 사상(四相)으로부터 자유로워지는 것으로. 사상에서 자유로워지면 고(苦)가 더 이상 고가 아니게 된다. 이렇게 일체의 상을 여의었을 때, 이때에 비로소 인욕바라밀이 완성된다. 이 경지에는 고통도 기쁨도 용납되지 않는다.

須菩提 又念過去於五百世 作忍辱仙人 於爾所世 無我相 無人相 無衆生相 無壽者相
수보리 우념과거어오백세 작인욕선인 어이소세 무아상 무인상 무중생상 무수자상 수보리야, 또 생각하니, 과거 오백 세(世)에 인욕선인(忍辱仙人)이 되었던 그때도 아상, 인상, 중생상도 없었고 수자상도 없었다.

* 이 말은 아상·인상·중생상·수자상(사상)이 본래 있지 않은 것이라는 것을 다시 강조하신 말씀이다.

사상(四相)이 없는데 무엇이 있겠는가. 선인(仙人)은 신체를 잘리고 베일 때에도 사상(四相) 자체가 없었기에 잘리고 베인다는 그 자체를 느끼지도 않았다. 사상을 벗어나 선인이라는 내가 없는데, 무엇이 있을 수 있었겠는가.

是故 須菩提 菩薩 應離一切相 發阿耨多羅三藐三菩提心 不應住色生心 不應住聲香味觸法生心 應生無所住心 若心有住 卽爲非住
시고 수보리 보살 응리일체상 발아뇩다라삼먁삼보리심 불응주색생심 불응주성향미촉법생심 응생무소주심 약심유주 즉위비주

이런 고로 수보리야, 보살이 응당 일체 모든 상을 떠나 아뇩다라삼먁삼보리심을 발할 것이니 응당 색에 머물지 말며, 소리나, 향기나, 맛이나, 접촉과 법에 머물러 마음을 내지 말아야 하니, 만약 마음에 머무름이 있으면 그것은 올바른 것이 아니다.

* 이 말씀은 위 대목과 이어지는 것으로, 사상이 본래 없는

것이니, 일체의 상을 떠나, 색, 성, 향, 미, 촉, 법, 그 어느 곳에도 집착하지 않는 대자유의 마음을 내어야 무상(無上) 보리를 얻을 수 있고, 모든 행위를 할 때 그것에 매이지 않아야 한다는 말씀이고, 머무름이 조금이라도 남아 있으면 이것은 무상보리를 얻은 것이 아니라는 말씀이다.

중생은 행복(幸福)과 즐거움을 안이비설신의(眼耳鼻舌身意) 육근(六根)을 통한, 색성향미촉법(色聲香味觸法)에서 찾으려 한다. 즉, 눈·귀·코·입·몸·감각을 통해, 색과 소리와 향기와 맛과 접촉과 감성(感性)에서 찾으려 한다. 그러나 이것들은 모두 실체가 없음으로 영원(永遠)할 수 없다. 이것으로는 일시적인 쾌락(快樂)은 누릴 수 있을지언정 절대로 영원한 행복을 찾을 수 없다.

是故 佛說菩薩 心不應住色布施
시고 불설보살 심불응주색보시

이런 고로 부처님이 말씀하시되, 보살은 마음을 응당 색(色)에 주(住)하지 않고 보시한다고 설하셨다.

* 주(住)한다는 말은 마음을 머무른다는 뜻이지만 다른 의미로는 집착이라고 할 수 있다.

세상에서 가장 무서운 것이 집착하는 마음이다. 사람이 어느 한 곳에 집착하게 되면 다른 것을 보지 못한다. 집착은 본인은 물론 다른 사람들에게도 막심한 피해를 준다. 집착은 좋아하는 것에서부터 시작된다. 좋아하는 것을 자꾸 찾고 좇다보면 그것으로부터 벗어나지 못하게 되어, 망상(妄想)이 생기고, 애착(愛着)이 생기게 되고, 강한 애착이 생기게 되면 그때부터는 애착의 종이 되어 그 대상을 집착(執着)하게 되고, 강한 아상(我相)이 발동하게 되어 각종 번뇌(煩惱)를 일으켜 결국에는 본인(本人)과 타인(他人)을 파멸(破滅)시킨다.

　다음 장에서 설명하겠지만 모두 집착에서 벗어나야 한다. 집착에서 벗어나는 것이 사상에 머물지 않는 첫걸음이 된다. 사상(四相)의 첫 번째가 아상으로, 이것에서 자유로워지려면 가장 먼저 해야 할 일이 어디에도 치우치지 않고 흔들리지 않는 마음을 지니는 일이다. 신심(信心)이 돈독(敦篤)한 사람은 그 무엇에도 마음이 흔들리지 않는다. 마음이 굳건하면 무엇을 보거나 듣더라도 그 모양에 끌리지 않게 되고, 소리에 끌리지 않게 되고, 모든 것에 자유로워진다. 집착에서 벗어나 마음이 자유로워지기 위해서는 먼저 평상심(平常心)을 늘 유지해야 한다. 그러면 모든 것을 소유(所有)하되 소유하지 않고, 소유하지 않되 소유하게 된다.

須菩提 菩薩 爲利益一切衆生 應如是布施
수보리 보살 위이익일체중생 응여시보시

수보리야 보살이 일체중생을 이익 되게 하기위해 응당 이와 같이 보시해야 한다.

* 일체 중생을 이롭게 하는 것은 마음이 그 어디에도 머무름 없이 행하는 것이라는 말씀이고, 색에 머무르는 것만 상이 아니고, 색에 머무르지 않는다는 것, 이것 역시 마음이 오고 가는 것이기에 상이 된다. 보시한다는 마음을 내는 것도 상이고, 일체 중생을 이롭게 한다는 마음을 내는 것도 상이니, 이런 것들을 모두 떠난 상태에서 보시를 해야 진정한 보시이고, 이것이 모든 중생을 이익되게 하는 참된 보시이고, 이것이 바로 마음을 머무르는 참된 법이라는 말씀이다.

如來說一切諸相 卽是非相 又說一切衆生 卽非衆生
여래설일체제상 즉시비상 우설일체중생 즉비중생

여래가 말한 일체 제상도 곧 상이 아니며 또 말한 일체 중생도 곧 중생이 아니다.

* 일체의 모든 상이 본래로 돌아가면 상이 아니고, 일체의 모든 중생들도 본래의 자리로 돌아가면 중생이 아니라는 말씀이다. 상이라고 하는 것도 상이 생기기 이전으로 돌아가면 상이 있을 수 없고, 중생도 중생 이전으로 돌아가면 중생이 있을 수 없다. 중생이 곧 중생이 아니라면 이는 중생이 곧 부처라는 뜻이고, 부처가 곧 부처가 아니라면 부처가 중생이라는 뜻이니, 상(相)과 비상(非相), 부처와 중생이 마치 손등과 손바닥같이 하나라는 말씀이다.

須菩提 如來 是眞語者 實語者 如語者 不狂語者 不異語者
수보리 여래 시진어자 실어자 여어자 불광어자 불이어자

수보리야, 여래는 참다운 말을 하는 자이며, 실다운 말을 하
는 자이며, 같은 말을 하는 자이며, 속이는 말을 하지 않는
자이며, 다른 말을 하지 않는 자이다.

* 이 말씀은 지금까지 설하신 말씀 모두가 참다운 것이며
진실이며 거짓이 없다는 말씀이고, 모두가 진리당체(眞理當
體)라는 말씀이시다.
　일체의 모든 상(相)이 상을 가지고 보면 상이지만, 상을 버
리고 보면 상이 아니다. 중생(衆生)도 역시 중생이라는 생각
을 놓아 버리면 그때부터는 중생이 아니다. 부처님께서 『금
강경』 시작부터 끝까지 시종일관(始終一貫) 말씀하시는 것이,
일체제상(一切諸相)은 실체(영원한 생명)가 없는 것으로 결국
은 상(相)이 아니라는 것이고, 중생도 역시 유한(有限)한 것
으로 실체(영원한 생명)가 본래 없는 것이라는 말씀과, 이 진
실을 알면 곧 여래(如來)라고 하신 것이다.
　왜 이런 말씀을 되풀이 하시는가? 부처님께서 중생들을
볼 때 그들 모두가 부처와 다름이 없는데, 중생은 중생의
고(苦)를 받고 있다. 그 원인은 바로 사상(四相) 즉 아상,
인상, 중생상, 수자상이 있기 때문이다. 부처는 가지고 있지
않은 이 네 가지 상을 중생들은 가지고 있다. 중생들이 이
것만 버리면 모두가 나와 같은 부처인데 이것을 버리지 못
하는 것이 안타까워 누누이 말씀하신 것이다.

중생이 왜 사상을 버리지 못하는가? 이것만 버리면 누구나 부처가 된다는 사실을 다 알고 있으면서도 왜 이것을 버리지 못하는가? 그것은 중생들 모두가 '나'라고 하는 몸(육신)에 집착하기 때문이다. 중생들은 왜 나에 대한 집착을 버리지 못하는가, 그것은 육신(肉身)에 집착하여 육신이 전부라고 생각하고 육신을 버리면 세상에 아무것도 없다고 생각하기 때문이다. 육신이 없으면 아무리 좋은 것이 있다 한들 무슨 소용이 있겠는가, 육신이 없으면 즐거움도 없고, 사랑하는 사람도 없고, 행복도 없을 것인데 어떻게 이 육신을 놓아 버릴 수가 있겠는가, 그러나 아무리 애를 써도 언젠가는 반드시 없어지고 마는 것이 우리의 육신이다. 죽는 날도 그날 가서 보면 그날이 오늘이고, 그 시간이 바로 이 시간이다. 인생이 아무리 길어도 죽는 그 시간에서 보면 찰나(刹那)에 지나지 않는다. 아무리 애착하고 집착해도 이것을 피해갈 중생은 어디에도 없다. 집착(執着)은 더 큰 집착을 낳는다. 중생들은 이 육신의 집착으로 인해 번뇌를 계속해서 만들어 집착의 인연(因緣) 정도에 따라 중생계를 윤회(輪廻)하게 된다.

일체의 상은 모두 유한하다. 유한(有限)하다는 것은 기간이 정해져 있어 시간이 지나면 없어지게 되어 있으니, 결국 실체가 없는 허상(虛像)이라는 말이다.

부처님께서 아상·인상·중생상·수자상 사상(四相)에서 벗어나 나를 놓아 버리라고 누누이 말씀하신 것은, 이렇게 상에 집착하는 마음을 놓아버려야 진정한 나, 영원불멸(永遠不滅)인 나(불성佛性)를 볼 수 있기 때문이다. 이 얻음을 얻은 것 없이 얻는 것이 진정한 얻음이고, 이렇게 참 나를 보고 얻을 것 없는 것을 얻은 자는 다시는 미혹(迷惑)에 빠져 번뇌를 일으키지 않는다.

부처님께서 중생들에게 이것을 알려주기 위해 평생을 방편(方便)을 들어 말씀하셨다. 상(相)에 집착하여 형상으로 부처를 보려는 사람에게는 상을 버려야 부처를 본다고 말씀하시고, 상을 부정하고 부처가 따로 있는 것으로 알고 고집하는 사람에게는 상이 곧 부처임을 말씀하시고, 있다는 것에 걸려 있는 사람에게는 없는 것을 말씀하시고, 없다는 것을 고집하는 사람을 만나면 있는 것을 말씀하시고, 있기도 하고 없기도 하다는 것에 걸려 있는 자에게는 있다고도 하고 없다고도 하셨다. 이것이 부처님 방편법(方便法)이다.

이 대목에서 부처님께서 말씀하시기를, 여래(如來)는 참말을 하는 자이며 실다운 말을 하는 자이며, 같은 말을 하는 자이며, 속이지 않는 자이며, 다른 말을 하지 않는 자라고 다섯 번에 걸쳐 강조하셨는데, 이것은 근기(根氣)가 약한 중생들에게 확신을 주기 위해서이라고 본다. 본래 참 진리(眞理)는 말과 글로 설명(說明)할 수 없는 것이지만, 참이라고 말씀하시고, 실다운 말이라고 하신 것은 후세(後世)의 어리석은 중생들이 의심하여 믿지 않을 것을 염려해서이다.

須菩提 如來所得法 此法 無實無虛
수보리 여래소득법 차법 무실무허

수보리야, 여래가 얻은 바 법(法)은 이 법(法)이 진실도 없고 거짓도 없다.

* 중생은 항상 이것을 말하면 이것에 빠져들고, 저것을 말하면 금방 이것을 잊어버리고 저것에 끌려가게 되니, 이 말씀은 있고 없는 두 가지 모두가 없는 근본(根本)을 말씀하신 것으로, 실(實)이 있으면 허(虛)가 있게 되고, 허가 있으면 실이 있게 되고, 이것이 있으면 저것이 있게 되고, 저것이 있음으로 이것이 있게 되니, 이것에 탐착하는 것은 마음을 머무르는 법이 아니다. 실(實)과 허(虛) 모두를 놓아 자유로워야 참으로 마음을 머무는 법이 되니, 이것이 대자유의 반야바라밀이고, 이것이 우리의 근본 마음이라는 말씀이다.

須菩提 若菩薩 心住於法 而行布施 如人 入闇 卽無所見 若菩薩 心不住法 而行布施 如人 有目 日光明照 見種種色
수보리 약보살 심주어법 이행보시 여인 입암 즉무소견 약보살 심부주법 이행보시 여인 유목 일광명조 견종종색

수보리야, 만약 보살이 마음을 법에 주하여 보시를 행하면, 사람이 어두운데 들어감에 보이는 것이 없는 것과 같고, 만약 보살이 마음에 법을 주하지 않고 보시를 행하면 이 사람은 눈이 있어, 햇빛이 밝게 비추어 갖가지의 색을 보는 것과 같다.

* 부처님께서 보시하는 자가 만약 조금이라도 마음을 낸다면 그것은 어두운 곳에 들어가는 것과 같아서 아무것도 보

이지 않는 것과 같고, 마음을 내지 않는 보시를 하면 이 사람은 밝은 빛에 아름다운 색을 모두 보는 것과 같다. 하신 것은, 보시(布施)하는 자는 아상(我相)을 내지 않아야 한다는 말씀이다.

모든 사물을 보이는 것(육안肉眼)으로만 보면 보이지 않는 것이 많고, 보이지 않는 것(마음)으로 보는 것을 삼으면 보이지 않는 것이 없게 되니, 상(선입견)을 가지고 보는 것과, 상을 내지 않고 보는 차이가 이렇게 크다는 말씀이시다.

우리는 무엇이든 볼 때 내 눈으로만 본다. 즉 내 생각과 내 사고(思考)와 내 식견(識見)과 내 입장에서 내 위주로 모든 사물을 대하고 판단한다. 이렇기 때문에 상대를 이해하지 못하여 갈등(葛藤)이 생기고, 사상(思想)이 충돌하고 화합이 이루어지지 않는다. 상대를 대할 때 나의 입장에서 나의 식견(識見)과 나의 눈으로만 보지 말고, 본질(本質)의 근본을 보고 진실을 보고 상대의 입장에서 그의 눈으로 세상을 보고, 문제를 보고, 나를 보면 이해할 수 없는 문제는 아무것도 없게 된다.

이렇게 나라는 상을 내려놓고, 세상을 보고, 대상을 있는 그대로 보고, 나를 보면 지금까지 전혀 보지 못하고 생각하지 못했던 세상과 만나게 되고, 그 대상의 진면목(眞面目)을 보게 되고, 또 다른 나를 보게 된다.

'법에 주하여 보시 하는 사람은 어두운 곳으로 들어가는 것과 같다'는 말씀은 이렇게 모든 사물을 대할 때, 상대는 전혀 고려하지 않고, 내 입장에서 내 눈으로만 세상과 대상을 보게 되면 대상(對象)의 진면목을 볼 수 없게 되어 어두운 곳으로 들어가는 것과 같아, 그 대상의 진실을 알지 못하여 보이는 것이 아무것도 없다는 말씀이다. 이렇게 상(相)을 내어 행하는 모든 행위는 결코 진실되지 않아 암흑(暗黑) 속을 헤매는 것과 같아 아무런 공덕(功德)이 되지 않는다는 말씀이다.

'마음에 법을 주(住)하지 않고 보시하는 사람은 밝은 눈으로 가지가지 색을 모두 볼 수 있는 것과 같다'고 하신 말씀은, 사상(四相)을 떠나 마음 없는 마음으로 세상을 보고 사물을 보고 대상(對象)을 대하면 진실되고 밝은 눈이 되어 보이지 않는 것이 없게 되어 이루지 못하는 것이 없게 된다는 말씀이다.

만약 모두가 이렇게 진실되어, 밝고, 맑은 눈과 마음으로 일체 중생(一切衆生)을 보고, 대상(對象)을 보고 세상을 살아간다면 이 세상의 모든 갈등(葛藤)이 사라질 것이다.

須菩提 當來之世 若有善男子善女人 能於此經 受持讀誦 即爲
如來 以佛智慧 悉知是人 悉見是人 皆得成就無量無邊功德
수보리 당래지세 약유선남자선여인 능어차경 수지독송 즉위
여래 이불지혜 실지시인 실견시인 개득성취무량무변공덕

수보리야, 마땅히 미래 세상에 만약 선남자선여인이 있어, 능히 이 경을 수지 독송하면 곧 여래가 큰 지혜로서 이 사람이 한량없고 가없는 공덕을 얻어 성취하게 될 것을 다 알고 다 본다.

* 이 말씀은 후세에도 이 경을 수지 독송하여 미묘 법을 깨달아 실천하는 사람은 곧 자신의 깨끗한 본심을 증득한 사람이므로, 부처가 곧 이 사람을 다 안다는 말씀은, 미묘 법을 실천하는 이 사람은 이미 깨달음을 얻은 자이니, 여래가 다 알고, 다 보아, 무량무변(無量無邊)의 공덕을 성취한자라는 말씀이다.

거듭 말하지만 정각(正覺)을 이루어 아뇩다라삼먁삼보리를 얻은 자는 이미 중생이 아니니, 이룰 것도 없지만 이루지 못하는 것도 없다.

15. 持經功德分(지경공덕분)
경을 수지하는 공덕

須菩提 若有善男子善女人 初日分 以恒河沙等身 布施 中日分
復以恒河沙等身 布施 後日分 亦以恒河沙等身 布施 如是無量
百千萬億劫 以身布施 若復有人 聞此經典 信心不逆 其福 勝
彼 何況 書寫受持讀誦 爲人解說
수보리 약유선남자선여인 초일분 이항하사등신 보시 중일분
부이항하사등신 보시 후일분 역이항하사등신 보시 여시무량
백천만억겁 이신보시 약부유인 문차경전 신심불역 기복 승
피 하황 서사수지독송 위인해설

수보리야, 만약 어떤 선남자선여인이 아침에 항하 모래와
같이 많은 몸으로 보시하고, 낮에도 다시 항하 모래와 같이
많은 몸으로 보시하고 저녁에도 또한 항하 모래와 같이 많
은 몸으로 보시하여 이와 같이 한량없는 백 천 만 억겁을
몸으로써 보시할지라도, 만약 어떤 사람이, 이 경전을 보고
거슬리지 않고 신심(信心)을 내면 그 복이 저보다 뛰어날
것이거늘 하물며 이 경을 수지 독송하고 남을 위해 설명해
줌이랴.

* 이 말씀은 사람의 마음이 얼마나 중요한가를 다시 한 번
일깨워주는 대목이다. 만약 어떤 사람이 백 천만 억겁을 사

람으로 거듭 태어나 몸으로 끊임없이 보시공덕을 지었다면 그 공덕이 얼마나 크겠는가. 더구나 아침, 점심, 저녁 매일 같이 항하의 모래 수보다 더 많은 몸으로 보시공덕을 지었다면 그 공덕이 얼마나 크겠는가. 그러나 그 공덕이 매우 크지만, 그 공덕이 이 경을 수지 독송하여 깨달아 지니고, 다른 사람에게 알려주어 그들을 깨우치게 하는 것에는 미치지 못한다는 말씀이다.

이 말씀은 잘 알아 새겨야 한다. 불자들은 무엇인가 원하고 바라는 것을 이루기 위해 이곳저곳 좋다는 곳은 모두 찾아다니며 기도를 드린다. 이것은 기도만 열심히 하면 그 가피(加被)로 무엇이든 이룰 수 있다는 생각과, 어느 특정한 장소에 모셔져 있는 불상(佛像)은 나의 기도(祈禱)를 이루어주는 힘이 있을 것이라는 막연한 믿음 때문이다. 기도의 종류도 가지가지로 많다. 그러나 이것이 다 무슨 소용이 있겠는가. 마음이 맑고 깨끗하지 않으면 모두 부질없는 일이다. 사상(四相)을 그대로 놔두고 몸으로 물질로 아무리 많은 기도를 해도 이것은 속세(俗世)의 인과응보(因果應報)에 불과할 뿐, 결코 피안의 세계에 이르는 공덕은 되지 못한다. 백천만 억겁을 사람으로 태어나 수없는 몸을 보시한다 해도 이렇게 상이 있는 보시(행위)는 결코 영원한 복덕이 될 수 없다.

기도하는 자는 모름지기 마음이 청정(淸淨)해야 한다. 이렇게 청정하지 않는 마음으로 기도에 임하거나 보시를 하는 것은 결코 큰 공덕이 될 수 없다. 진정한 보시공덕(布施功德)은 마음에 있으니, 진리를 내가 먼저 깨달아 청정한 보시공덕을 짓고, 남에게도 짓게 하면 이 공덕은 실로 무량한 것이다. 한생각이 청정하면 온 세계가 청정하니, 이 세상이 더럽고 깨끗한 것은 오로지 사람들의 마음에 달려 있다. 어떤 사람들이 깨끗한 마음으로 깨끗한 행을 하면 그 사회(세계)는 맑고 깨끗할 것이고, 사악한 마음과 더러운 마음을 내어 악한 행을 일삼는다면 그 사회는 지옥과 같은 세계가 될 것이다.

우리는 이 대목에서 사람의 한생각이 얼마나 중요한가를 다시 한 번 생각해 보아야 하겠다. 그리고 진정한 보시에 대해서도 생각해 보아야 하겠다.

무엇이 진정한 보시인가? 스스로 올바른 진리를 깨달아 지행(知行)을 갖추고 행하여 사람들로 하여금 올바른 마음을 내게 하고, 올바른 판단을 하게하고, 올바른 결정을 내리게 하고, 올바른 행(行)을 할 수 있게 스스로 행함을 보여 일러 주는 것, 이것이 진정한 보시일 것이다.

우리는 주변에서 사악한 사람에게 속아 힘들어 하는 사람들을 흔히 본다. 잘못된 판단으로 전 재산을 날리고, 남의 말에 현혹되어 낭패(狼狽)를 당하고, 감언이설(甘言利說)에 속아 마음 다치고, 사기당하고, 이것은 누구를 탓하거나 원망(怨望)할 일이 아니다. 모두 본인이 진실을 보지 못하여 올바른 마음을 내지 못하고 올바른 판단(判斷)을 하지 못하고 올바른 행을 하지 못한 결과(結果)이다.

그러나 어떤 사람이 본인의 능력으로는 올바른 판단을 내리기 어려운 상황에 처해 있을 때, 누군가가 이 사람에게 올바른 판단을 내릴 수 있도록 도움을 주어 그릇된 판단을 하지 않게 한다면 한 생명을 살리는 것이 되니 이 사람의 공덕이 얼마나 크겠는가.

만약 또 어떤 사람이, 사악한 악행을 일삼는 사람에게 이 경을 일러주어 악행을 멈추게 한다면 그 공덕은 실로 말할 수 없이 큰 것이고, 이 공덕은 백 천만 억겁을 두고 몸으로 물질 보시한 것보다 더 크다고 할 수 있을 것이다.

그리고 이 말씀을 다른 각도에서 보면 포교(布敎)의 중요성을 의미하기도 한다. 중생이 중생 고(苦)를 벗어나 부처가 될 수 있게 하는 이 불법을 나만 알고 있지 말고, 모든 사람들에게 일러주어 모두가 불도(佛道)를 이루게 한다면 그 공덕(복덕)이 얼마나 크겠는가.

須菩提 以要言之 是經 有不可思議 不可稱量無邊功德
수보리 이요언지 시경 유불가사의 불가칭량무변공덕

수보리야, 한마디로 말하면 이 경에는 가히 생각할 수 없고 가히 측량할 수 없는 무한한 공덕이 있으니,

* 이 경은 이렇게 생각으로나 무엇으로도 측량할 수 없을 만큼 한없는 공덕이 있다는 말씀이다. 그러나 부처님께서 이렇게 헤아릴 수 없이 많은 공덕이 있는 이 경을 말씀하셔도, 듣고 배우고 깨닫는 것은 오로지 본인 몫이다. 오로지 자기 본심을 반조(返照)하여 스스로 얻음이 있어야 한다. 하늘에서 보배가 소나기처럼 쏟아져 내려도 제각기 지니고 있는 그릇 만큼밖에 가져갈 수 없다. 큰 그릇을 지닌 사람은

많이 가져갈 것이고, 작은 그릇을 지닌 사람은 적게 가져갈 것이고, 그릇을 거꾸로 들고 있거나, 그릇을 아예 지니지 않은 사람은 하나도 가져가지 못한다. 모든 것이 이와 같다.

실제로 『금강경』에는 필설(筆舌)로 설명할 수없는 무량공덕(無量功德)이 있다. 불자들 중에는 『금강경』 독송을 아주 오랫동안 해온 사람들이 많다. 이들의 공통점을 보면 지난 삶보다 현재의 삶이 훨씬 행복하다는 점이다. 삶의 무게에 힘겨워하던 사람들이 『금강경』 수지 독송이후 하는 일이 잘되고, 건강이 회복되고, 가정이 평안해지는 모습들을 많이 보아왔다. 이것이 바로 『금강경』 수지 독송의 공덕이다. '16 능정업장분'에서 부처님께서 말씀하시기를, 『금강경』 수지 독송공덕은 전생에 지은 악업(惡業)을 없애준다고 하셨다. 누누이 말하지만 현재의 삶이 힘든 사람은 전생(前生)의 악업(惡業)의 보(報)를 받고 있는 것이라고 볼 수 있다. 이런 사람은 행복해지려면 나쁜 업이 없어져야 한다. 업은 습관으로 악업을 지은 사람은 계속해서 악업을 짓게 되어있다. 습관(習慣)을 바꿔 악업(惡業)의 순환 고리를 끊어내지 않으면 이 사람은 영원히 악업의 굴레에서 윤회(輪回)를 거듭하게 되어있다.

『금강경』 수지 독송 공덕은 불가사의(不可思議)하여 이치로 다 설명할 수가 없다. 그러나 분명히 알 수 있는 것은, 이 경이 중생의 악업 순환 고리를 끊어내는 강한 힘이 있다는 것이다.

如來爲發大乘者說 爲發最上乘者說
여래위발대승자설 위발최상승자설

여래가 대승을 발한 자를 위하여 설한 것이요, 최상승을 발
한 자를 위하여 설한 것이다.

* 이 대목은 위의 대문과 이어지는 것으로, 이 경은 대승을
위한 최상승의 법문이라는 말씀이다.

불교에는 대승(大乘)과 소승(小乘)이란 구분이 있다, 본래
근본자리에 들어가면 크고 작고, 높고 낮음이 있을 수 없으
나, 수행자의 수행방법과 근기(根機)에 따라 대승과 소승으
로 구분지어진다.

대승(大乘)은 불교의 본류(本流)로 큰 틀에 속하고, 소승
(小乘)은 지류(支流)로 작은 틀에 속한다고 볼 수 있다.

대승(大乘)을 본류의 큰 틀이라고 보는 것은, 대승은 중생
의 근본을 말하는 것으로 중생이 본래 부처와 하나라는 것
이고, 이것을 깨달아 아뇩다라삼먁삼보리를 얻어 영원한 평
화의 부처를 이루는 것, 이것이 불교의 본류(本流)이고, 큰
틀이고, 이것을 이루어가는 것을 대승이라고 하겠다.

소승(小乘)을 지류(支流)로 작은 틀이라고 하는 것은, 중
생의 사바세계를 말하는 것으로, 중생이 사바세계에 살면서
사는 동안 개인의 행복을 추구하고, 나아가 극락정토(極樂淨
土)에 극락왕생(極樂往生)을 위해 닦는 법을 소승이라고 하
겠다.

다시 말하면, 내 안에 불성이 있어 극락과 지옥이 둘이

아니라는 것과, 차안(此岸)과 피안(彼岸)이 둘이 아니라는 것과, 중생이 곧 부처라는 것을 알고 깨달음에 이르는 법을 대승이라고 할 수 있다. 그리고 중생이 현생(現生=현실)의 행복과 안락을 추구하고 극락왕생(極樂往生)을 위해 닦는 법을 소승이라고 하겠다.

참고로 우리나라 불교는 대승과 소승을 한데 아우르는 통합불교(統合佛敎) 형태를 띠고 있다.

최상승이란 말은 더 이상 배움도 없고, 다함도 없고, 망상(妄想)을 없앨 것도 없고, 진리를 구할 것도 없는 경지를 이름이다. 그러므로 이 경은 최상승의 경전으로 소승(小乘)을 위한 법문이 아니고, 대승(大乘)을 위해 설(說)한 법문이라는 말씀이다.

若有人 能受持讀誦 廣爲人說 如來 悉知是人 悉見是人 皆得成就不可量 不可稱 無有邊 不可思議功德 如是人等 卽爲荷擔如來阿耨多羅三藐三菩提
약유인 능수지독송 광위인설 여래 실지시인 실견시인 개득성취불가량 불가칭 무유변 불가사의공덕 여시인등 즉위하담여래아뇩다라삼먁삼보리

만약 어떤 사람이 이 경을 능히 수지 독송하고, 여러 사람을 위해 널리 일러주면, 여래가 이 사람을 다 알고, 이 사람을 다 보아, 헤아릴 수 없고, 일컬을 수 없고, 한없는, 가히

생각하지 못할 공덕을 다 얻어 성취하리니, 이러한 사람은 여래의 '아뇩다라삼먁삼보리'를 짊어진 것이 된다.

* 이 말씀은 『금강경』을 깨우쳐 수지 독송하고 다른 사람들을 위해 널리 강설(講說)한다면 이 사람은 곧 대승보살이니, 이 전법(傳法)의 공덕은 불가사의 하여 헤아릴 수 없으니, 이 사람은 여래와 같은 아뇩다라삼먁삼보리를 이룬 자라는 말씀이고, 아뇩다라삼먁삼보리를 짊어졌다는 것은 여래와 같은 전법(傳法)을 하는 사람이라는 뜻이다.

이 말씀은 포교(布敎)의 중요성을 일깨워주시는 말씀이기도 하다.

이 대목에서 포교의 중요성에 대해서 잠시 생각해보기로 하겠다. 부처님께서는 안거(安居)철을 제외한 나머지 기간 동안은 전법(傳法) 유세(誘說)에 전념하셨다. 이것이 중생을 긍휼히 여기는 부처님의 자비로운 마음이라고 해야 할 것이다.

부처님께서 중생이 고(苦)의 바다에서 헤어나지 못하는 것을 보시고 얼마나 안타까웠겠는가. 한 생각만 바꾸면 모든 중생이 나와 똑같은 부처인데 이것을 모르고 있으니, 어찌 유세를 잠시라도 멈출 수가 있었겠는가.

지금 우리는 어떠한가. 부처님 말씀을 올바르게 배우고, 잘 전파(傳播)하고 있는가. 포교(布敎)에 대해 거창하게 생각하거나 어렵게 생각할 필요가 없다. 물론 여러 사람들을 대상으로 전법(傳法)활동을 해야 할 사람은 체계적으로 이치에 맞게 그렇게 해야 하겠지만, 일반 불자들은 사람에 따라 자신에게 맞는 전법(傳法)을 하면 된다. 불자 모두가 지행을 갖추어, 불법을 나만 알고 있지 말고, 아는 만큼 다른 사람에게 일러주어 그들이 불법을 알게 하면 그것이 곧 무량공덕(無量功德)을 짓는 법보시(法布施)이고 포교(布敎)이다. 즉 나 스스로 올바른 생각과, 올바른 판단과, 올바른 행을 함으로 다른 이들에게 귀감(龜鑑)이 되는 것, 이것이 진정한 포교일 것이다.

何以故 須菩提 若樂小法者 着我見 人見 衆生見 壽者見 卽於此經 不能聽受讀誦 爲人解說
하이고 수보리 약요소법자 착아견 인견 중생견 수자견 즉어차경 불능청수독송 위인해설

어찌된 연고이냐, 수보리야. 만약 작은 법(소승)을 좋아하는 자는, 아견(我見), 인견(人見), 중생견(衆生見), 수자견(壽者見)에 집착하여, 곧 이 경을 알아듣고 읽고 외운다든지 남을 위하여 해설하여 주지 못하기 때문이다.

* 이 말씀은 작은 법에 의지하여 수행하는 사람은 항상 나를 근본으로 하여 수행하기 때문에 편협(偏狹)하여 사상(四相)의 견해(見解)를 벗어나지 못하므로 이 경을 이해하고 받아들이기가 어렵다는 말씀이고, 자신이 모르기 때문에 남을 위해 설하지 못한다는 말씀이다.

이 말씀을 이해하려면 당시의 시대상황과 사상(思想)에 대해 알아볼 필요가 있다.

당시의 인도사회는 오랫동안 인도인들의 정신을 지배했던 '베다(vedas)'의 권위를 부정하기 시작하던 시기로, 새로운 사상이 수없이 난무하던 백가쟁명(百家爭鳴)의 시기였다. 이들을 대표하는 6명의 사상가(思想家)를 불교에서는 '육사외도(六師外道)'라고[11] 부르는데, 이들의 주장은 제각기 달랐지만, 모두가 인연(因緣)을 부정하고, 선악(善惡)의 행위에 대한 인과(因果)를 인정하지 않고, 자신의 죄와 허물에 대해 부끄러워할 아무런 이유가 없다는 주장과, 오직 고행(苦行)을 통해서만 깨달음을 얻을 수 있다는 등의 사상으로, 불법(佛法)과는 모두 상반되는 사상이다.

당시의 부처님께서는 육사외도의 사상(思想)과 고행을 통해서는 정각(正覺)을 이룰 수 없고, 오직 마음을 깨쳐 사상

---

11) 육사외도(六師外道)
  1. 푸라나: 인연을 부정하고 선악의 행위에 대한 과보를 인정하지 않음.
  2. 막칼리: 인간이 번뇌에 오염되고 청정해지는 과정, 인간의 고락과 선악 모두가 자연의 이치에 따른다는 주장. 인과를 인정하지 않음.
  3. 산지야: 인간의 객관적인 지식을 인정하지 않고, 모든 지식을 버리고 수행에만 전념해야 한다고 주장.
  4. 아지타: 인간은 단지 지수화풍(地水火風) 4원소로 구성되어있고, 이것만이 실체라는 주장과, 선악과, 인과도 없고, 과거와 미래도 없음으로 현재의 즐거움만이 인생의 목표라고 주장.
  5. 파쿠타: 중생의 생존은 모두 자재천(自在天=신)의 뜻에 따라 이루어지므로 자신의 죄와 허물에 부끄러워할 이유가 없다는 주장과, 선악에 대한 과보를 부정.
  6. 니간타: 자이나교 교조(敎祖). 영혼은 본래 자유롭지만, 그릇된 행위나 물질에 오염되면 괴로운 윤회를 거듭하게 됨으로 그릇된 행위에 물들지 않기 위해, 불살생(不殺生), 불실어(不實語), 불도(不盜), 불음(不淫), 무소유(無所有)를 계율로 삼아 엄격히 실행함(불교사상과 어느 정도 유사함).

(四相)에서 자유로워야 정각을 이룰 수 있다고 하셨다.

이 대목의 말씀은 사상(四相)의 틀에 갇혀 자신의 안위(安危)와 헛된 깨달음을 성취하려는 당시의 모든 사상가들에게 일침을 가하신 말씀이라고 봐도 되겠다.

지금도 이런 부류의 사람들은 얼마든지 있다. 불교의 진리(眞理)가 무엇인줄도 모르면서 불교를 폄하하고, 훼불(毁佛) 행위를 하고, 불교라면 무조건 기피하려드는 사람들이 있다. 이런 사람들은 모두 육사외도(六師外道)와 같은 부류로, 아상(我相, 이기심)의 틀에 갇혀 틀 밖의 것들을 보지 못하고 자신의 견해에만 사로잡혀 다른 사상(思想)과 비교, 비평을 피하고, 나와 남을 가르고, 이웃을 가르고, 부모형제를 가르고, 나만 옳다고 주장한다. 이런 사람들을 불교 입장에서 볼 때, 과연 올바른 사상을 갖춘 사람들이라고 볼 수 있겠는가. 이들은 마치 그 옛날 육사외도들과 같이 자기들 사상(思想)의 틀에 갇혀 자신들이 믿는 신(神)과 사상만 옳다고 주장하고 다른 사상과 종교는 인정하지 않으려하고, 자신들이 믿는 신과 사상이 절대라고 주장하고 스스로 종을 자처하며 자신들의 사상과 이기심으로 무장되어 남을 공격하고 피해를 주면서도 전혀 잘못을 인정하지 않고. 자신들과 같은 생각을 가진 사람은 그 사람이 어떤 사람이든 상관없이 무조건 옳은 사람이고, 자신들과 생각이 다른 사람은 무조건 틀린 사람으로 매도한다.

이외에도 우리 주변에는 자신이 알고 있는 견해와 지식을 전부로 알고 타인의 식견(識見)을 무시하고 경시(輕視)하는 사람들이 많이 있다. 이런 사람들이 바로 아상(我相)의 틀에 갇혀 참된 진리를 보지 못하는 사람들이다.

만약 이들이 『금강경』「사구게」 한 구절만이라도 누구에게 얻어 들어 알게 된다면 그들이 알고 있는 지식과 식견이 얼마나 허망한 것인가를 알게 될 것이고, 세상의 모든 중생들이 평등하고 소중하다는 사실을 알게 될 것이다. 그렇게 되면 나와 남을 구분지어 우열(優劣)을 가리는 이런 행위는 절대로 하지 못할 것이다.

세상에 나보다 못한 중생은 어디에도 없다. 일체 모든 생명은 그들만의 지혜(불성)를 모두 갖추고 있다. 사람들이 미물이라고 하찮게 생각하는 작은 생명들도 인간이 생각할 수 없는 그들만의 놀라운 지혜로 세상을 살아간다. 아스팔트나 콘크리트, 바위 틈새를 비집고 싹을 틔어 당당하게 살아가는 이름 모를 잡초를 봐라, 저 잡초는 열악한 환경에서 살아가면서도 전혀 굴하지 않고 환경을 탓하지도 않고, 나름대로의 지혜로 생을 영위한다. 이 글을 쓰고 있는 지금 저 밖에서 까치가 깍깍 짖어대고 있다. 이름 모를 잡초나, 저 까치가 나와 다를 것이 무엇이 있겠는가. 다른 것은 겉모습과 살아가는 방식일 뿐이다.

부처님께서 이 대목에서, 작은 법에 의지하는 자는 '사상(四相)의 견해(見解)를 여의지 못하므로 이 경을 이해하고 받아들이기가 어렵다'고 하신 말씀이 바로 '육사외도(六師外道)'처럼 아상에 갇혀 있는 사람은 옛날이나 지금이나 자신들의 견해(見解) 이외의 것들은 알려고 하지 않고, 배우려

하지 않음으로 불법을 설명해도 알지 못한다는 말씀이고, 알지 못하니 누구에게 알려주지도 못한다는 말씀이다. 아상에 매여 있는 사람은 다른 것을 보려고 하지도 않고, 배우려 하지도 않는다. 이것이 아상(이기심)의 속성(屬性)이다.

그리고 이 대목에서의 아견 인견 중생견 수자견은 사상(四相)의 다른 말로, 아견은 모든 사물을 대할 때, 남은 전혀 고려하지 않고 내 위주로 보는 것이고, 인견 중생견 수자견도 이와 같이 보는 것을 말하며, 사물을 대할 때 내 생각에 입각해서만 보는 것을 말한다. 사상(四相)과 같은 말이다.

須菩提 在在處處 若有此經 一切世間天人阿修羅 所應供養
當知此處 卽爲是塔 皆應恭敬 作禮圍繞 以諸華香 而散其處
수보리 재재처처 약유차경 일체세간천인아수라 소응공양
당지차처 즉위시탑 개응공경 작례위요 이제화향 이산기처

수보리야, 어느 곳이던 이 경이 있는 곳이면 일체 세간의 하늘과 사람과 아수라들에게 공양을 받을 것이니, 마땅히 알라, 이곳은 곧 부처님이 계시는 탑묘(塔廟)가 됨이니, 응당 모두가 공경하고 예를 지어 둘러싸며 모든 꽃과 향으로써 그곳을 흩어 뿌릴 것이다.

* 어느 곳을 막론하고 이 경이 있고, 이 경의 진리를 수지독송하는 이만 있으면, 이곳이 곧 부처님이 계시는 성스러운 불법도량이니, 모든 세간의 하늘과, 사람과, 아수라들이 모두 공양하며 받들고 절하고 에워싸고, 꽃과 향으로 그곳

에 흩어 아름답고 향기롭게 한다는 말씀이다.

도량이 따로 있는 것이 아니다, 불경이 있는 곳, 불경을 수지 독송하는 사람들이 모여 예불(禮佛) 드리는 곳, 이곳이 불법도량이니, 도량은 장소(場所)와 크고 작음이 따로 없다. 이곳은 천인, 아수라, 신중이 항상 보호한다는 말씀이다.

16. 能淨業障分(능정업장분)
업장을 맑히는 공덕

復次須菩提　善男子善女人　受持讀誦此經　若爲人輕賤　是人
先世罪業　應墮惡道　以今世人　輕賤故　先世罪業　卽爲消滅　當
得阿耨多羅三藐三菩提
부차수보리　선남자선여인　수지독송차경　약위인경천　시인
선세죄업　응타악도　이금세인　경천고　선세죄업　즉위소멸　당
득아뇩다라삼먁삼보리

다시 또 수보리야, 선남자선여인이 이 경을 수지 독송함에
있어 만약 남에게 천(賤)히 여기게 되면, 이 사람은 선세죄
업(先世罪業)으로 응당 악도(惡道)에 떨어질 것이 마땅하겠
지만, 금생(今生)에 다른 사람이 천히 여김으로써, 이것으로
선세의 죄업이 곧 소멸되고, 마땅히 '아뇩다라삼먁삼보리'를
얻을 것이다.

* 이 말씀은 이 경을 수지 독송함에 있어, 만약 남에게 방
해(妨害)와 훼방(毁謗)과 박해(迫害)를 받는 일이 있다면, 이
사람은 선세(先世=전생)에 지은 죄업이 무거워 악도(惡道)에
떨어질 것이었으나, 사람들이 경멸하고 천대(박해)하는 이것
으로 악도에 떨어질 과보를 대신 받고 있는 것이니, 이것을
이겨내면 곧 선세죄업이 소멸되어 마땅히 아뇩다라삼먁삼보

리를 성취할 것이라는 말씀이다.

　이 말씀은 우리가 잘 이해해야 한다. 참선, 기도 정진하는 사람들에게 흔히 나타나는 현상으로 마장(魔障)이라는 것이 있다. 마장은 참선하고 기도하는 중간에 참선과 기도를 하지 못하도록 방해하는 요인들을 말한다. 실제로 참선, 기도 정진을 하다보면 온갖 것들의 방해를 받는다. 이 방해하는 요인들 때문에 참선과 기도를 중간에 포기하는 사람들이 많다. 이 같은 현상은 비단 참선, 기도하는 사람에게만 있는 것이 아니다. 많은 사람들이 어떤 계획을 세워 그 일을 추진하다보면 중도에 이것을 이루지 못하도록 방해하는 요인들이 생긴다. 이것이 바로 전생의 업연(業緣)으로 인한 것들이며, 악도(惡道)에 떨어질 업보(業報)를 이것으로 대신 받는 것이니, 이것은 반드시 극복(克服)해야 할 나의 업장(業障)이라는 것과, 이것을 극복함으로 업장이 소멸되고 원하는 것들을 성취할 수 있게 된다는 말씀이다.

　실제로 주변에 보면 수십 년을 절에 다니며 많은 기도를 하고 시주공덕을 지었어도 기도 성취가 잘 안 되는 사람들이 있고, 적당히 다니며 적당히 기도 하는데도 기도 성취가 잘 되고 항상 원하는 것이 잘 이루어지는 사람들이 있다. 이것은 일반인들도 마찬가지이다. 어떤 사람은 열심히 일하고 선(善)하게 사는데도 힘들게 사는 사람이 있고, 어떤 사람은 열심히 일하지도 않고, 선(善)하지도 않은데 하는 일이 잘 되고 모든 것이 풍족한 사람들이 있다. 우리의 단순한 생각으로는 기도 많이 하고 시주공덕을 많이 지은 사람과, 선하고 근면한 사람들이 보다 더 잘살고 행복해야 하고,

적당히 기도하고 시주공덕도 적당히 한 사람들과, 선(善)하게 살지 않는 사람들은 그에 따라서 가피(加被)가 정해져야 하는데, 현실은 그렇지 않는 경우가 많다.

왜 이런 일들이 있는가. 이것은 바로, 우리 모두는 업보중생(業報衆生)으로 선세죄업(先世罪業), 즉 전생의 업연(業緣) 때문이고, 현재 이 업연이 진행형이기 때문이다.

업보중생(業報衆生)은 이 업장을 그대로 놔두고는 절대 행복해질 수 없다.

다시 말하지만 업(業)은 다른 말로하면 습관이다. 업장(業障)이라고 하면 습관이 쌓여서 특화되어 있는 몸과 정신이다. 만약 어떤 사람이 나쁜 습관이 들어 있다면 이 사람은 나쁜 일을 자신도 모르게 하게 된다. 좋은 습관이 되어있는 사람은 자신도 모르게 좋은 일을 하게 되어있다. 나쁜 습관이 들어있는 사람은 이 나쁜 습관을 버리고 고쳐야 나쁜 짓을 안 하게 된다. 거듭 말하지만, 나쁜 업이 소멸되어야 선업(善業)이 생기게 되고, 선업이 쌓이게 되어야 쌓이는 만큼 내가 소원하는 일이 이루어진다.

기도하고 보시공덕 짓고, 육바라밀을 행하는 일들은 나쁜 업(惡業)을 소멸시키는 큰 힘이 있다.

만약 어떤 사람이 기도를 오랫동안 많이 했고, 보시공덕을 많이 지었는데도 힘든 일들이 계속되고 있다면 이것은 기도방법이 잘못 되었거나, 과거 전생의 업장(業障) 때문이라고 보아야 한다. 이 사람은 이 대목에서 부처님이 말씀하신 것처럼, 지금 나를 힘들게 하는 이것들이 나의 업장을 대신 지워주고 있다는 생각을 가지고, 굴하지 말고 수지 독송, 기도 정진을 이어가면 업장이 곧 소멸되어 소원하는 것을 모두 이룰 수 있게 된다.

세상을 살다보면 나를 힘들게 하는 것들이 많다. 세상에서 가장 가까워야 할 남편이 나를 괴롭히기도 하고, 반대로 아내가 남편을 힘들게 하고, 자식이 부모를 힘들게 하고, 부모가 자식을 힘들게 하고, 가까이 지내던 친구가 나를 배신하기도 하고, 직장 상사가 나를 괴롭히기도 하고, 가는 곳마다 악재(惡材)가 끊이지 않는 것이 중생들의 삶이다.

중생에게는 피해 가기 어려운 8가지 고(苦)가 있으니, 이것을, 사고(四苦) 팔난(八難)이라고 한다.

첫째, 생로병사(生老病死). 네 가지를 벗어날 수 없고,

다섯 번째, 애별리고(愛別離苦). 사랑하는 사람과 생리사별(生離死別)하는 고통을 피할 수 없고,

여섯 번째, 원증회고(怨憎會苦). 가는 곳마다 원수(怨讐)진 이를 만나는 고통을 피해갈 수 없고,

일곱 번째, 구부득고(求不得苦). 꼭 이루어야 하는 것들이 이루어지지 않는데서 오는 고통이 있고,

여덟 번째, 오온성고(五蘊盛苦). 사대육신과 정신적으로 오는 고통(건강, 스트레스)이다.

이 대목의 말씀처럼, 이런 고(苦)가 생기게 된 원인은 바로 선세죄업(先世罪業), 즉 전생의 업연(業緣)으로 인해서이다. 전생의 업이 중(重)해 악도(惡道)에 떨어질 것이었으나, 지금 이런 인연들을 만나 어려움을 당하는 이것으로 악도의 업을 대신 받는 것이니. 지금 현재 삶이 힘든 사람들은 생각을 바꿔야 할 필요가 있다. 지금 나를 힘들게 하는 이것들을 너무 미워하고 원망하지 않도록 노력해야 할 것이다. 전생의 업연(業緣)으로 더 큰 시련을 받을 것을 이것으로 대신하고, 이것으로 전생의 악업이 소멸되는 것이니, 이것이 지나면 반드시 행복한 날들이 올 것이다.

須菩提 我念過去無量阿僧祇劫 於燃燈佛前 得值八百四千萬億那由他諸佛 悉皆供養承事 無空過者 若復有人 於後末世 能受持讀誦此經 所得功德 於我所供養諸佛功德 百分不及一 千萬億分 乃至算數譬喩 所不能及
수보리 아념과거무량아승지겁 어연등불전 득치팔백사천만억나유타제불 실개공양승사 무공과자 약부유인 어후말세 능수지독송차경 소득공덕 어아소공양제불공덕 백분불급일 천만억분 내지산수비유 소불능급

수보리야, 내가 생각하니, 과거 무량 아승지겁에 저 연등불 전에서, 팔백 사천 만 억 나유타 모든 부처님을 만나 다 공양하고 받들어 섬기어 헛되이 지냄이 없었으나, 만약 다시 어떤 사람이 이후 말세에 능히 이 경을 수지 독송하여 얻는

바 공덕에 비하면 내가 저 모든 부처님께 공양한 바, 공덕으로는 백분의 일도 미치지 못하며, 천만 억 분 내지 숫자의 비유로도 능히 미치지 못할 것이다.

* '아승지'라는 말과, '겁'과 '나유타'라는 말은 불경에 자주 등장하는 용어이다.

'아승지'는 끝없이 많은 시간이고, '겁'은 무량한 세월이고, '나유타'는 천만, 천억이라는 많은 숫자의 단위다.

부처님께서는 아승지 헤아릴 수 없이 많은 세월동안 연등 부처님 처소에 계시면서 수없이 많은 부처님께 공양드리고 받들어 모시는 공덕을 지었지만, 이것이 후세에 이 경을 수지 독송하고 깨달아 다른 이에게 알게 하는 공덕에는 미치지 못한다는 말씀이다.

부처님께서 이 경의 수지 독송 복덕을 계속 거듭 강조하시는 것은 앞서도 말했지만 사람의 마음이 중요하기 때문이다. 누구나 한생각 돌이켜 자기 자성(自性)을 반조(返照)하여 깨닫기 전에는 아상(我相)을 버리지 못한다.

중생이 사상을 버리지 못하기 때문에 남의 것을 빼앗고, 남을 죽이고, 고통 속에 몰아넣고, 결국 자신도 고통에서 헤어나지 못하고 죽고 한다. 만약 누구라도 자신이 먼저 이 경을 깨달아 알고, 사악한 중생들에게 이 경을 일러주어 자성(自性)을 찾고 깨닫게 하여 본래무일물(本來無一物)이라는 것을 알게 하면 이 사람은 다시는 사악한 짓을 저지르지 않게 된다. 그러면 이 공덕이 얼마나 크겠는가? 이 공덕은 무엇과도 비교할 수 없이 크다는 말씀이다.

須菩提 若善男子善女人 於後末世 有受持讀誦此經 所得功德
我若具說者 或有人 聞 心卽狂亂 狐疑不信
수보리 약선남자선여인 어후말세 유수지독송차경 소득공덕
아약구설자 혹유인 문 심즉광란 호의불신

수보리야, 만약 선남자선여인이 저 후 말세에 이 경을 수지
독송하는 이가 있어, 얻는 공덕을 내가 만일 다 말하게 되
면, 혹 어떤 사람은 듣고 마음에 광란을 일으켜 곧 겁이 나
서 여우같이 의심하고 믿지 않을 것이다.

* 이 말씀은 지금까지 이 경을 수지 독송 위타인설 하는 공
덕에 대해 말하였지만, 수지 독송 공덕을 모두 말할 것 같
으면, 받는 복덕이 말할 수 없이 크고, 업보 또한 말할 수
없이 무거우니, 이것을 모두 말할 것 같으면 지은 죄업이
중하고 박복한 중생들은 이 말을 듣고, 겁내고, 놀래어, 미
치고, 여우같이 의심을 내어 믿지 않으려 할 것이라는 말씀
이다.

　남에게 사악한 짓을 평생해온 사람에게 업보에 대해서 말
하고, 그에 상응하는 업보를 다음에 반드시 받게 된다고 말
하면 이 사람이 이 말을 믿으려하겠는가. 이 사람은 이 말
을 전혀 믿으려하지 않는다. 사악한 자들은 모든 죄업을 자
기 합리화하고 여우같이 교활하게 피해가려 한다. 그러나
착각하지 말라. 절대 피해갈 수 없는 것이 업보이다. 삼계
(三界)에는 천라지망(天羅之網)이라는 그물이 있어 모든 중

생들의 일거수일투족 업보가 모두 걸리게 되어 있다.

須菩提 當知 是經義 不可思議 果報 亦不可思議
수보리 당지 시경의 불가사의 과보 역불가사의

수보리야, 마땅히 알라. 이 경은 뜻이 가히 불가사의하여 헤아리지 못하며, 과보도 또한 가히 헤아릴 수 없음을 알아야 한다.

* 수보리에게 말씀하시기를, 이 경의 뜻과 공덕은 말과 글, 어떠한 계산법이나 비유로나 생각으로나, 모든 도량(度量)으로도 어떻다고 말할 수 없기 때문에 이 경의 뜻은 불가사의하다고 하시고, 이 경의 뜻을 깨달아 얻은 과보(果報) 역시 불가사의(不可思議) 하여 그 무엇으로도 설명할 수 없다는 말씀이시다.

불법은 처음에는 반드시 누군가에게 가르침을 받아야 하지만, 궁극(窮極)에는 본인이 철저히 깨달아 요달(了達)하지 않으면 불가사의 하여 알 수가 없다. 반드시 본인이 깨쳐야 한다.

※ 여기까지가 『금강경』 상권에 해당한다.

『금강반야바라밀경』 하권

이 경의 시작이 어느 날, 부처님께서 여느 때와 다름없이 성 중(城中)에 들어가 걸식을 하시고 돌아와 공양을 마치신 후 발을 씻고 말 없는 무정설법(無情說法)을 설(說)하실 때, 대중(大衆) 가운데에서 수보리가 자리에서 일어나, 가사를 수하고 오른 무릎을 꿇고, 부처님께 '아뇩다라삼먁삼보리심을 발(發)한 자는 마음을 어떻게 내야하고, 어떻게 머무르며, 어떻게 그 마음을 항복받아야 합니까?' 하고 묻는 것으로 시작된다.

그리고 제17 '구경무아분'에 와서 수보리가 똑같은 질문을 다시 하게 된다.

수보리가 이 대목에서 상권 첫 번째 질문과 똑같은 질문을 다시 물은 것은, 수보리와 대중들은 아뇩다라삼먁삼보리의 마음을 낸 자가 어떻게 마음을 내야 하고 어떻게 머물어야 하고, 어떻게 지녀야 하는가에 대한 답을 제16 능정업장분(能淨業障分)까지의 설법으로 확연히 알았다. 그러나 이 단계는 이것을 이치로는 알았으나 아직은 이(理)와 사(事)가 일치되지 않아, 아는 것과 행이 하나가 되어 있지 않는 단계이다.

이치로 아는 것과 행이 다르다는 것은, 지행(知行)이 일치하지 않는 것으로, 이론(理論)으로 아는 것과 실제 행동하는 것이 다를 수 있다는 말이다. 누구라도 이(理)와 행(行)이 일치되어있지 않으면, 평상시에는 말과 생각을 성인군자(聖人君子)처럼 할 수 있지만, 막상 곤란하고 다급한 상황에 처하게 되면 경계가 생겨 사상(四相)에 집착하게 되고, 상을 내어, 이치로 아는 것과 행동을 달리 하는 것을 말한다.

수보리가 제17 구경무아분(究竟無我分)에서 상권 첫 번 질문과 똑같은 질문을 다시 한 것은, 이치로 알게 된 이 마음을 어떻게 하면 확실히 내 것으로 만들 수 있고, 어떻게 하면 이 마음을 자유자재하여, 몸과 마음, 말과 행동이 일치할 수 있겠는가를 다시 물은 것이다. 질문한 말은 같으나 뜻은 완전히 다르다.

『금강경』은 이렇게 질문은 같으나, 질문의 뜻이 전혀 다른 이 지점을 상권과 하권으로 나눈다.

부처님께서 상권에서는 본래 주처(住處=머무는 곳)가 없는 마음을 무주(無住)에 주(住)한다는 이치를 말씀하셨고, 이제부터 하권에서는 행(行)에 대해 물은 것으로, 이(理)와 사(事)의 일치에 대한 문답이다. 즉 아뇩다라삼먁삼보리의 마음을 이치로 얻은 자가 어떻게 몸과 마음이 하나가 되어 지행(知行)일치로 회향(迴向)해야 하는가에 대한 말씀이다.

17. 究竟無我分(구경무아분)
궁극의 가르침 무아

爾時 須菩提 白佛言 世尊 善男子善女人 發阿耨多羅三藐三菩
提心 云何應住 云何降伏其心
이시 수보리 백불언 세존 선남자선여인 발아뇩다라삼먁삼보
리심 운하응주 운하항복기심

저 때에 수보리가 부처님께 말씀드린다. 세존이시어, 선남자
선여인이 아뇩다라삼먁삼보리심을 일으킨 자는 어떻게 마음
을 머물러야 하며, 어떻게 그 마음을 항복받아 다스려야 합
니까?

* 이 말은 상권 첫 번째 물음, '아뇩다라삼먁삼보리심의 마
음을 발(發)한 자는 응당 어떻게 마음을 머물며 어떻게 그
마음을 항복 받아야 합니까?'와 같은 말이다.
　수보리가 똑같은 질문을 하권 첫머리에서 다시 물었으니
이 뜻이 어디에 있는가? 제16 능정업장분(能淨業障分)까지
부처님 법문을 듣고 수보리를 비롯한 대중들은 『금강경』에
대한 이해와, 아뇩다라삼먁삼보리 법과 이 경을 수지 독송
하는 공덕에 대해서 크게 깨우쳐 기뻐 감탄하게 되었으며,
중생이 모두 부처라는 것까지 증득하게 되었다. 그러나 이
단계는 이치(理致)로는 아뇩다라삼먁삼보리를 확연히 깨쳐

얻었으나, 아직은 이치로 아는 것과 실행이 하나로 일치되지 않은 단계이다.

어떻게 하면 지행(知行)이 일치할 수 있겠는가? 수보리가 부처님께 이것을 물은 것이다. 그래서 상권 첫머리에 물은 것과 똑같은 질문을 다시 한 것인데, 묻는 말은 같지만 질문의 내용은 다르다. 즉 상권에서의 물음은 마음을 어떻게 내고 어떻게 지녀야 하는가에 대한 물음이고, 여기에서의 물음은 항복받은 마음을 어떻게 유지하고 어떻게 행하느냐 하는 것으로, 어떻게 하면 아뇩다라삼먁삼보리의 이치와 행(몸과 마음)을 하나로 일치할 수 있겠는가, 하는 물음이다.

사실 우리는 세상의 이치를 잘 알고 있으면서도 이것을 실제 행동으로 옮겨 실천하는 사람은 그리 많지 않다. 이와 같이 이치로는 아뇩다라삼먁삼보리를 알았으나 이것을 실제 행으로 실행하는 것은 어렵다.

사람이 평상심을 내어 평온할 때는 누구나 나도 없고 남도 없는 성인군자나 부처와 같지만, 세상 일이 어디 내 마음대로 되는가. 사람은 환경의 지배를 받고 살아가기 때문에 이것에서 벗어나기가 어렵다. 그리고 환경은 시시각각 수시로 변한다. 중생은 이렇게 수시로 바뀌는 환경 속에서 긴장과 스트레스를 받고 살아가기 때문에 평상심(平常心)을 늘 유지하는 것은 매우 힘든 일이다.

수보리가 하권 첫머리에서 상권 첫머리에서와 같은 말을

되물은 것은, 이렇게 수시로 바뀌는 환경 속에서 어떻게 해야 몸과 마음이 지행일치(知行一致)로 하나가 되어 평상심을 잃지 않고 아뇩다라삼먁삼보리를 유지할 수 있느냐는 물음이다. 어떻게 하면 이것을 하나로 요지부동(搖之不動)할 수 있겠는가.

佛告須菩提 若善男子善女人 發阿耨多羅三藐三菩提心者 當生如是心 我應滅度一切衆生 滅度一切衆生已 而無有一衆生 實滅度者

불고수보리 약선남자선여인 발아뇩다라삼먁삼보리심자 당생여시심 아응멸도일체중생 멸도일체중생이 이무유일중생 실멸도자

부처님께서 수보리에게 말씀하시기를, 만약 선남자선여인이 아뇩다라삼먁삼보리심을 발한 자는 마땅히 이와 같은 마음을 일으켜야 한다. 내가 응당 일체중생을 멸도 하였으나 일체중생을 멸도 하고 나서는 실은 한중생도 멸도된 자가 없다.

* 이 말씀은 아뇩다라삼먁삼보리를 얻은 자는 일체중생을 제도(濟度)하였으나 제도한 것이 아니라는 것을 체득(體得)한 것으로, 이미 깨달음을 얻은 자이니, 깨달음을 얻은 자에게는 중생(衆生)이니, 멸도(滅度)니 하는 것들이 존재하지 않으니, 이런 생각에서 완전히 벗어나야 한다는 말씀이다.

何以故 須菩提 若菩薩 有我相 人相 衆生相 壽者相 卽非菩薩
하이고 수보리 약보살 유아상 인상 중생상 수자상 즉비보살

어찌한 연고이냐, 수보리야, 만약 보살이 아상 인상 중생상
수자상이 있으면, 곧 보살이 아니기 때문이다.

* 이 말씀은 상권에서 수없이 강조하신 말씀으로 보살이 사
상(四相)에 조금이라도 매여서는 안 된다는 말씀이다.
　여기까지 법문을 듣고 중생(衆生)이 중생 아니고, 멸도(滅
度)가 멸도 아니라는 것을 확연히 알아차린 자는 이미 깨달
음을 이룬 것이니, 깨달음을 이룬 자에게는 중생이니, 멸도
니 하는 것들이 그저 이름일 뿐이다. 그러므로 사상에 조금
이라도 걸릴 이유가 없고, 만약 사상이 조금이라도 남아 있
다면 아직 완전한 깨달음을 이룬 것이 아니라는 말씀이다.
즉 이 단계에 이른 자들은 이미 지행을 갖춘 것인데, 만약
나라는 생각이 조금이라도 남아 있다면, 이는 아직 지행(知
行)의 일치를 이룬 것이 아니니, 아뇩다라삼먁삼보리(깨달
음)를 이룬 것이 못 된다는 말씀이다.

所以者何 須菩提 實無有法 發阿耨多羅三藐三菩提心者
소이자하 수보리 실무유법 발아뇩다라삼먁삼보리심자

어찌된 연고이냐, 수보리야 실로 법이 있지 않으니, 아뇩다
라삼먁삼보리심을 발한 자가 없기 때문이다.

* 이미 아뇩다라삼먁삼보리를 깨친 자는 자신의 마음에서 생겨나는 모든 번뇌를 여의었으니, 이것은 본래 법이 없는 법을 깨친 자가 곧 아뇩다라삼먁삼보리를 깨친 자이기 때문이다. 깨달은 자에게는 깨침 자체가 없으니 깨달음을 일으킨 것조차 없는 법이다. 그런데 만약 사상이 조금이라도 남아 있다면 어찌 보살이라고 하겠는가. 법이 없다 함은 상권에서 말한 것처럼 대상에 따라 다르게 법을 전하니, 부처님 법은 모두 무위법(無爲法)으로 법이 분명 있지만 없는 것이 된다.

須菩提 於意云何 如來 於燃燈佛所 有法 得阿耨多羅三藐三菩提不 不也 世尊 如我解佛所說義 佛於燃燈佛所 無有法 得阿耨多羅三藐三菩提
수보리 어의운하 여래 어연등불소 유법 득아뇩다라삼먁삼보리부 불야 세존 여아해불소설의 불어연등불소 무유법 득아뇩다라삼먁삼보리

수보리야, 어찌 생각하느냐? 여래가 '연등불소'에서 법이 있어 아뇩다라삼먁삼보리를 얻었느냐. 아닙니다, 세존이시어. 제가 부처님 말씀하신 뜻을 아는 바로는, 부처님께서 연등불소에서 법이 있어 아뇩다라삼먁삼보리를 얻은 것이 아닙니다.

* 이 말씀은 아뇩다라삼먁삼보리법이 어디에 따로 존재하지 않는다는 것을 부처님의 과거(過去) 전세(前世)를 증거로 수

보리에게 확인시키는 대목이다. 이에 수보리가 곧바로 알아 듣고 대답하였으니, 이것은 수보리가 증득(證得)한 것이나 여래의 증득한 것이나 삼세제불의 증득한 바가 다르지 않음을 알았다는 것으로, 연등불소에는 실로 법이 있지 않음으로 연등불소에서 아뇩다라삼먁삼보리를 얻었다고 할 수 없다고 한다.

불법의 참 진리는 부처님 법당에 있는 것이 아니다. 이 도리를 알아야한다.

(부처님 법당에 법이 없다면 법이 어디에 있는가?)

佛言 如是如是 須菩提 實無有法 如來得阿耨多羅三藐三菩提
불언 여시여시 수보리 실무유법 여래득아뇩다라삼먁삼보리

부처님께서 말씀하시었다. 그렇고 그렇다, 수보리야, 실로 법이 있지 아니하므로, 여래가 아뇩다라삼먁삼보리를 얻었다 할 것이다.

* 실로 법이 없다는 말씀은 무위법을 말씀하시는 것이고, 무위법은 정해져 있는 법이 없으니, 있는 곳도 없고, 없는 곳도 없다. 그러므로 연등불소(연등부처님 처소) 역시 법이 있기도 하고 없기도 하다.
이렇게 실체가 없이, 정해져 있지 않은 법을 깨달아 아는 것이 아뇩다라삼먁삼보리라는 말씀이시다.

須菩提　若有法　如來得阿耨多羅三藐三菩提者　燃燈佛　卽不與
我授記　如於來世　當得作佛　號釋迦牟尼　以實無有法　得阿耨多
羅三藐三菩提　是故　燃燈佛　如我授記　作是言　汝於來世　當得
作佛　號釋迦牟尼

수보리 약유법 여래득아뇩다라삼먁삼보리자 연등불 즉불여
아수기 여어내세 당득작불 호석가모니 이실무유법 득아뇩다
라삼먁삼보리 시고 연등불 여아수기 작시언 여어내세 당득
작불 호석가모니

수보리야, 만약 법이 있어 여래가 아뇩다라삼먁삼보리를 얻
었다면 연등불이 곧 나에게 수기(授記)를 주어, 네가 오는
세상에 마땅히 부처를 이룰 것이니, 호(號)를 석가모니라
하지 아니하였을 것이나, 실로 법이 있지 않음으로 아뇩다
라삼먁삼보리를 얻었음에 이런 고로 연등불이 나에게 수기
를 내리시어 네가 오는 세상에 마땅히 부처가 될 것이니,
호를 석가모니라 하라고 말씀하셨다.

* 연등불은 과거불로 석가모니 부처님께 수기(授記)를 내
리신 분이시라고 한다. 실로 법이 있지 않다고 함은 그것
이 바로 법이다. 하나도 취하지 않고, 하나도 버리지 않는
것이 실로 법이 있지 않는 '아뇩다라삼먁삼보리'를 얻은 것
이 된다.

何以故　如來者　卽諸法如義　若有人　言　如來得阿耨多羅三藐三
菩提　須菩提　實無有法　佛得阿耨多羅三藐三菩提

하이고 여래자 즉제법여의 약유인 언 여래득아뇩다라삼먁삼
보리 수보리 실무유법 불득아뇩다라삼먁삼보리

어찌된 연고이냐 하면, 여래라 하는 것은 곧 모든 법이 같
다는 뜻이니, 만약 사람이 있어 말하기를, 여래가 아뇩다라
삼먁삼보리를 얻었다 할지라도, 수보리야, 부처가 아뇩다라
삼먁삼보리를 얻은 법이 있지 않다.

* 여래는 부처님 열 가지 명호 중 하나로, 여러 의미가 있지
만 이 대목에서의 의미는 모두가 하나로 같다는 뜻이다. 같
다는 것은 다르지 않다는 것으로, 위에서 말한 것처럼, 하나
도 취하지 않고, 하나도 버리지 않는 것이 같고, 있고 없는
것이 같고, 기쁘고 슬픈 것이 같고, 고(苦)와 낙(樂)이 같고,
생(生)과 사(死)가 같고, 생사열반이 같고, 번뇌(煩惱)와 보리
(菩提)가 같고, 부처와 중생이 같아서 모든 법이 다르지 않다
는 의미이다.
　이 말은 극과 극은 상반되어 보이지만 이것이 모두 상대
성(相對性)으로, 이것이 있음으로 저것이 있고, 저것이 있음
으로 이것이 있고, 저것이 없음으로 이것이 없고, 고가 있음
으로 낙이 있고, 생이 있음으로 죽음이 있고, 이렇게 상반된
것들이 보고 느끼기에는 모두 다르지만 사실은 이것들 모두
가 하나에서 나누어진 것으로 결국은 다르지 않다는 말이
다. 겉모습은 모두 다르지만 근본으로 돌아가면 모두가 하
나에서 분리된 것이다. 그러므로 근본으로 돌아가면, 중생이
없으면 부처도 없게 되니 부처와 중생이 둘이 아니고, 고

(苦)가 없으면 낙(樂)도 없으므로 고와 낙이 둘이 아니고, 생(生)이 없으면 사(死)가 없으니 생과 사가 둘이 아니다. 모두가 하나에서 생겨난 것들이다. 그러므로 만법(萬法)이 귀일(歸一)이고, 일법(一法)이 만법(萬法)이다. 이러므로 참된 진리(眞理)는 얻고 나면 결국 얻은 것과 얻지 않은 것이 다르지 않으니 얻은 것이 없게 된다. 이렇게 오고 감이 없는 이것을 여래(如來)라 한다.

須菩提 如來所得 阿耨多羅三藐三菩提 於是中 無實無虛
수보리 여래소득 아뇩다라삼먁삼보리 어시중 무실무허

수보리야, 여래의 얻은 바 아뇩다라삼먁삼보리 이 가운데에는 실(實)도 없고, 허(虛)도 없다.

* 하나도 취한 바 없으므로 실이 없고, 하나도 버리지 아니하므로 헛됨이 없다는 말씀이다. 취할 것도 버릴 것도 없는 이것을 깨친 것이 얻을 것 없는 아뇩다라삼먁삼보리를 얻은 것이 된다.
　세상에는 필요한 것이 하나도 없고, 필요하지 않은 것이 하나도 없다. 그러므로 하나도 버릴 것이 없고, 하나도 취할 것이 없다.
　약은 병자(病者)에게 절대 필요한 것이지만, 병이 없는 자에게는 아무 필요가 없다. 모든 것이 이와 같이 누군가에게는 절대 필요한 것이, 누군가에게는 아무 필요가 없는 것일 수 있다. 이렇게 때와 장소에 따라 절대 필요한 것이, 때와 장소에 따라 절대 불필요하게 되기도 한다. 이러므로 하나도 버릴 것이 없고, 하나도 취할 것이 없게 된다.

　是故 如來說一切法 皆是佛法
　시고 여래설일체법 개시불법

　이런 고로 여래가 말씀하시기를, 일체법이 모두 이 불법이라고 설하셨다.

* 이렇게 일체 모두가 실(實)도 없고 허(虛)도 없으므로, 허실 자체가 바로 진리라는 말씀이다. 그럼으로 일체 모두가 불법 아닌 것이 없다는 말씀이다.
　일체법이 모두 불법이라는 말씀은, 위에서 말한 것처럼 삼라만상(森羅萬象)은 모든 것이 생긴 그대로가 진리라는 말씀이다.

　산은 산 그대로, 물은 물 그대로 그들만의 고유의 색과, 소리를 내고 있다. 바람 불고 구름 가고, 비 오고, 꽃피고 새 울고, 이 모두가 유정 무정(有情無情)들이 살아가는 생명(生命)의 소리이고 모습이다.
　삼라만상 모든 유정무정 중생들은 모두 자기 고유의 모양과 색깔과 소리를 가지고 제각기 세상을 살아간다.
　세상에는 똑같은 것은 어디에도 없다. 지구상에 인구가 수십 억이 살고 있지만 똑같은 사람은 하나도 없다. 마찬가지로 같은 종(種)은 보기에 모두 같아 보이지만 그 무엇도 같은 것은 아무것도 없다. 오로지 단 하나뿐이다. 세상의 모든 존재는 단 하나뿐으로 모두 다르다. 이 모두가 제각기 자기의 색(色)을 지녀 보이고, 소리를 내고, 소통하고, 삶을 영위한다. 나무는 나무들대로, 꽃은 꽃들대로, 그들만의 세계를 이루고 그들끼리 소통하며 그들끼리 사랑하고 미워하고 시기하고 경쟁하며 한 생을 영위한다(이것이 화엄세계이다).

이 뭇 생명이 내는 색과, 소리와, 냄새 모든 것들이 그들의 언어요, 표현이다. 이렇게 삼라만상 모두가 제각기 그들만의 세계를 이루고 그들만의 언어로 소통하고, 사랑하고 미워하고 화합하고 살아가는 것, 이 모두를 불법(佛法)이고 법문(法問)이라고 하는 것은, 이 모두가 같지만 다른, 생명이 내는 소리요, 색이요, 모습이기 때문이다.

須菩提 所言一切法者 卽非一切法 是故 名一切法
수보리 소언일체법자 즉비일체법 시고 명일체법

수보리야, 말한 바 일체법이라 한 자는 곧 일체법이 아니라, 이런 고로 이름이 일체법이라 말한다.

* 일체법(一切法)이라고 한 것도 이름이 일체법이라는 말씀으로, 삼라만상 일체가 모두 법 아닌 것이 없지만, 일체법이라는 이것에 매이지 말라는 말씀이다. 즉 보이는 것과 정해져 있는 틀에 매이지 말라는 당부의 말씀이다.

여기서 우리는 고정관념에 대해서 생각해볼 필요가 있다. 사람이 세상에 태어나서 어릴 때에는 모두가 천진무구한 순수 그대로이지만, 자라면서 상(相)이 생기기 시작한다. 사람이 성장하면서 이 상(相)도 함께 자라서 결국 어떤 고정의 틀을 만들게 된다. 그러다 결국 자신이 만든 틀에 자신이 갇혀 버린다. 그리고는 틀 밖에 것에 대해서는 보려고도, 알려고도 하지 않는다. 모든 것들을 이 틀에 맞추어 생각하고 행동한다. 그리고는 틀에 맞는 사람과 맞지 않는 사람을 구분하여, 내 틀에 맞는 사람은 옳은 사람이고, 내 틀에 맞지 않는 사람들은 틀린 사람이라는 경계를 세우게 된다.

사람들은 모두 이런 관념의 틀을 가지고 있다. 이런 관념의 틀에서 벗어나지 않으면 대자유를 얻을 길은 영원히 없다.

이 대목의 말씀은 이렇게 스스로 만든 관념의 틀에서 완전히 벗어나야 대자유를 얻을 수 있다는 말씀이다.

須菩提 譬如人身長大 須菩提言 世尊 如來說人身長大 卽爲非大身 是名大身
수보리 비여인신장대 수보리언 세존 여래설인신장대 즉위비대신 시명대신

수보리야 비유하건대 사람의 몸이 장대(長大)하다는 말과 같다. 수보리 말씀드리되, 세존이시여, 여래께서 사람의 몸이 매우 크다고 하신 것은 곧 큰 몸이 아니라 이 이름이 큰 몸임을 말씀하신 것입니다.

* 이 말씀은 위의 말씀에 덧붙여서 비유하신 말씀으로, 사람이 크다고 하는 말은, 몸이 크다는 뜻이 아니고, 관념의 틀에서 자유로운 사람이라야 큰 사람이라는 말씀이다.

須菩提 菩薩 亦如是 若作是言 我當滅度無量衆生 卽不名菩薩 何以故 須菩提 實無有法 名爲菩薩 是故 佛說一切法 無我 無人 無衆生 無壽者
수보리 보살 역여시 약작시언 아당멸도무량중생 즉불명보살 하이고 수보리 실무유법 명위보살 시고 불설일체법 무아 무인 무중생 무수자

수보리야, 보살도 또한 이와 같아서 만약 이러한 말을 하되 내가 마땅히 무량중생을 멸도(滅度)하였다 하면, 곧 보살이라 이름하지 못할 것이다. 어째서 그런가 하면, 수보리야, 실로 법이 있지 않으니, 이름이 보살이 되는 것이다. 이런 고로 부처님이 말씀하시되, 일체법이 나도 없고, 남도 없고, 중생도 없고, 수자도 없다 하는 것이다.

* 보살은 일체법을 통달해 무애자재 한 자이니 여기에 멸도(滅度)한 내가 있고 남이 있고 중생이 있고 수자기 있을 수 없다. 만약 멸도 시킨 법이 있고, 이를 즐기는 마음이 있다면 이것이 곧 상이 되니 보살이라고 할 수 없다. 그러므로 부처님이 말씀하시기를 일체법이 나가 없으면 따라서 남도 없고 중생도 수자도 없다고 하신 것이다.

(자각自覺하는 나가 없는데 대상對象이 있을 수 있겠는가.)

須菩提 若菩薩 作是言 我當莊嚴佛土 是不名菩薩 何以故 如
來說莊嚴佛土者 卽非莊嚴 是名莊嚴
수보리 약보살 작시언 아당장엄불토 시불명보살 하이고 여
래설장엄불토자 즉비장엄 시명장엄

수보리야, 만약 보살이 이러한 말을 하되 내가 마땅히 불국
토(佛國土)를 장엄하였다 하면 이는 보살이라 이름할 수 없
으니, 어찌한 연고이냐. 여래가 말씀하신 불국토의 장엄(莊
嚴)은 곧 장엄이 아니요, 이 이름이 장엄일 뿐이기 때문이
다.

* 장엄은 무엇을 단장하고 치장한다는 뜻이다. 부처님께서
불국토(佛國土)를 장엄(莊嚴)하셨다는 말은 곧 나의 마음을
청정하게 장엄한 것이 되지만 이 또한 마음을 내면 장엄이
아니라는 말씀이다. 즉 무엇에든 집중하고 노력하고 정당하
게 최선을 다하되 그것에 집착하지 않아야 한다는 말씀으
로, 내가 청정한 마음을 가졌다는 생각이 조금이라도 있다
면 이것은 진정한 청정이 되지 않는다는 말이다. 즉 내가
한 선행에 대해서 어떠한 마음도 내지 않아야 진정한 선행
이라는 말씀이다. 그러므로 청정한 장엄도 그 이름이 청정
이고 장엄이라는 말씀으로, 여기에 마음을 내어서는 안 된
다는 말씀이다.

須菩提 若菩薩 通達無我法者 如來說名眞是菩薩
수보리 약보살 통달무아법자 여래설명진시보살

수보리야, 만약 보살이 내가 없는 법을 통달한 자이면, 여래
가 말하기를 참으로 이것이 진정한 보살이라 부른다.

* 이 말씀은 무아법(無我法)을 통달한 자이어야 참다운 보
살이라는 말씀이시다.

　무아법(無我法)은 나와 남을 구분 짓지 않고, 일체 모든
중생이 하나로 같다는 평등법이다.

　통달(通達)은 무엇에 정통하다는 뜻으로, 이 대목에서 부
처님께서 말씀하신 '통달한 보살이 진실된 보살'이라는 말
은, 중생의 모든 희로애락을 통달해 아는 자라는 뜻이다.

　세상일은 모두 경험해 보지 않으면 정확히 알지 못한다.
무엇이던 경험해본 자가 잘 아는 것이지, 아무리 이론에 밝
아도 실천(實踐) 경험이 없거나 부족하면 확실하게 알 수가
없다. 사랑도 해본 사람이 달콤함을 아는 것이고, 배신도 당
해본 자라야 쓰라림을 아는 것이고, 고통도 당해본 사람이
그 괴로움을 아는 것이고, 배고픔도 당해본 사람이 그 고통
을 알고, 행복 역시 경험해 본 사람이 따뜻함을 아는 것으
로, 세상 일체 모두가 직접 경험해 보지 못하면 제대로 알
기 어렵다.

　이렇게 중생의 모든 희로애락(喜怒哀樂)을 알아 통달한 자
라야 중생을 제도할 수 있고, 이가 바로 진정한 보살이라는

말씀이다.

즉 무엇을 하기 위해서는 먼저 나 자신을 갖추어야 된다는 말씀이다(수신제가修身齊家).

유마 거사가 병석(病席)에 있는 것을 아신 부처님께서 가섭과, 아난에게 병문안을 다녀오게 했다.

가섭 존자가 유마 거사에게 물었다.

"거사께서는 깨달음을 얻어 성현이 되신 몸인데 어째서 병을 얻게 되어 고통스러워하십니까?"

"내가 아픈 것은 중생이 아프기 때문입니다."

이 말에 가섭과 아난은 아무 말도 하지 못하고 돌아갔다.

거사(居士)는 스님의 계(戒)는 받지 않았지만 지행(知行)이 모두 스님과 같은 사람을 말한다.

유마 거사는 '바라문'도 아니고, 부처님께 계를 받은 분도 아니다. 그러나 중생들의 삶의 고통을 누구보다 잘 알고 많이 경험하고, 그들과 병고(病苦)를 함께하며 살아오신 분으로, 부처님과 같은 지행(知行)으로 법을 펴신 분이다.

반면에 가섭 존자는 최고계급인 바라문이었고, 아난존자 역시 왕자 신분이었다.

부처님께서 왜 이분들에게 문병(問病)을 다녀오라고 하셨는가? 속담에 '상전이 종 배고픈 줄 모른다'고 했다.

일체 모두가 실제로 경험해보지 않으면 알기 어려운 것으로, 중생의 삶에 정통해야 진정으로 고해중생(苦海衆生)을 알 수 있고, 또 확실히 알아야 이들과 일체가 될 수 있고, 일체가 되어야 이들을 제도를 할 수 있기에, 부처님께서 통달한 보살이어야 진정한 참 보살이라고 말씀하신 것이다.

그리고 '무아법'은 나와 남을 가려 구분하지 않는 법으로, 자각(自覺)하는 내가 없으면 남도 없고, 진리도 없고, 법도 없게 된다. 내가 없다는 것은 몸이 없다는 것이 아니고, 마음이 그 어디에도 걸려 있지 않다는 뜻이다. 이것은 대자유를 성취해, 나와 너, 삶과 죽음, 고(苦)와 낙(樂), 그 무엇에도 걸리지 않는, 참나(眞我)를 본 것을 뜻한다.

이것은 허공(虛空)과 같은 것으로, 허공은 세상의 모든 것을 품고 있지만 하나도 가진 것이 없다. 이렇게 일체를 구분하지 않고 모두를 품는 이것을 무아법(無我法)이라고 한다.

이와 같이 진리를 구하는 사람은 그 무엇에도 걸리지 않아야 하고, 걸리지 않는다는 것에도 걸리지 않아야 하니, 허공(虛空)처럼 하나도 가지지 않은 것이 모두를 가진 것이 된다.

그러나 이 법을 이치(理致)로는 알았다고 해도 실천(實踐)이 되지 않으면 보살이라고 할 수 없다. 앞서 말한 바와 같이 『금강경』 상권에서는 이치에 대한 말씀을 주로 하셨고, 하권에서는 알고 있는 이치를 실행하는 법에 대해서 말씀하셨다. 이것은 아무리 좋은 진리라고 해도 실행이 없으면 아무 의미가 없기 때문이다.

18. 一切同觀分(일체동관분)
일체를 분별없이 관찰함

須菩提 於意云何 如來有肉眼不 如是 世尊 如來 有肉眼 須菩
提 於意云何 如來 有天眼不 如是 世尊 如來 有天眼 須菩提
於意云何 如來 有慧眼不 如是 世尊 如來 有慧眼 須菩提 於
意云何 如來 有法眼不 如是 世尊 如來 有法眼 須菩提 於意
云何 如來 有佛眼不 如是 世尊 如來 有佛眼
수보리 어의운하 여래유육안부 여시 세존 여래 유육안 수보
리 어의운하 여래 유천안부 여시 세존 여래 유천안 수보리
어의운하 여래 유혜안부 여시 세존 여래 유혜안 수보리 어
의운하 여래 유법안부 여시 세존 여래 유법안 수보리 어의
운하 여래 유불안부 여시 세존 여래 유불안

수보리야, 어찌 생각하느냐? 여래가 육안(肉眼)이 있느냐.
그렇습니다. 세존이시여. 여래가 육안이 있습니다. 수보리
야, 뜻에 어떠하냐. 수보리야 여래가 천안(天眼)이 있느냐.
그렇습니다. 세존이시여. 천안이 있습니다. 수보리야, 생각
에 어떠하냐. 여래가 혜안(慧眼)이 있느냐. 그렇습니다. 세
존이시여. 여래가 혜안이 있습니다. 수보리야, 생각에 어떠
하냐. 여래가 법안(法眼)이 있느냐. 그렇습니다. 세존이시여.
여래가 법안이 있습니다. 수보리야, 생각에 어떠하냐. 여래
가 불안(佛眼)이 있느냐, 그렇습니다. 세존이시여, 여래가

불안이 있습니다.

* 이 말씀은 불타(佛陀)가 갖춘 다섯 가지 관법(觀法)에 관한 말씀으로, 이것을 부처님께서 갖추신 오안(五眼)이라고 한다.

　육안(肉眼)은 사대육신(四大六身)에 있는 평범한 눈으로 색상의 한계 내에서 표면적인 것만 보는 일반적인 눈이다.
　천안(天眼)은 멀고 가까운 한계가 없이 중생들의 현재 모습과 과거 전생의 모든 것들을 보는 눈이다.
　혜안(慧眼)은 중생들의 본질을 꿰뚫어 모든 근기(根機)와 경계(境界)를 살피는 눈이다.
　법안(法眼)은 모든 법을 관찰하는 눈으로 일체법(一切法)에 걸림이 없이 보는 눈이다.
　불안(佛眼)은 모든 법을 보는 부처의 자비(慈悲)로운 눈으로, 오안(五眼)이 구족(具足)되어 시방(十方)의 모든 것을 보나, 보는 자도 없고 보이는 경계도 없이 보는 눈이다.

　부처는 이렇게 오안(五眼)을 갖추고 있기에, 삼계(三界) 중생들의 마음을 다 보고, 다 알 수 있다.

須菩提 於意云何 如恒河中所有沙 佛說是沙不 如是 世尊 如來說是沙 須菩提 於意云何 如一恒河中所有沙 有如是沙等恒河 是諸恒河所有沙數 佛世界 如是寧爲多不 甚多 世尊
수보리 어의운하 여항하중소유사 불설시사부 여시 세존 여

래설시사 수보리 어의운하 여일항하중소유사 유여시사등항
하 시제항아소유사수 불세계 여시영위다부 심다 세존

수보리야, 네 뜻이 어떠하냐. '항하 가운데 있는 바 모래와
같이'라고 부처가 이 모래를 말한 적이 있는가. 그렇습니다.
세존이시여. 여래께서 이 모래 말씀을 하셨습니다. 수보리야
어찌 생각하느냐, 한 항하(恒河) 가운데 있는 모래와 같이,
이와 같은 모래 등의 항하가 있고, 이 모든 항하에 있는 모
래수(數)대로 불세계가 있다하면 진실로 많다 하겠느냐. 매
우 많습니다. 세존이시여.

* 부처님께서는 많은 숫자를 비유하실 때 항하 모래를 비유
로 드는 경우가 많은데 이번에는 항하의 모래 수(數)만큼
또 다른 '항하'가 있고, 각기 항하의 모래 수만큼 불세계가
있다면 진실로 많다고 하겠느냐는 질문에 수보리가 많다고
대답한다.

  일중일체다중일(一中一切多中一)　　일미진중함시방(一微塵中
含時方)
  하나 속에 모두가 있고, 모두 가운데 하나가 있다. 모여 있
는 작은 하나하나마다 각각의 시방세계가 모두 들어 있다.

  이 게송은 '의상조사법성게'의 한 구절이다.

  실제로 우리가 사는 지구에는 수십 억의 인구와 각종 혜

아릴 수 없이 많은 동식물과, 여타 미생물, 유정무정들의 무수히 많은 생명들이 살고 있다. 그러나 먼 우주에서 지구를 보면 그저 하나의 작은 불빛에 지나지 않는다. 이렇게 작은 불빛 속에 수많은 생명이 살고 있다는 것은 상상도 하지 못할 일이다. 그러나 지구에는 무수한 생명들이 살고 있고, 이 생명들은 모두 자신의 세계를 이루고 있다. 수십 억의 인구가 살고 있지만 같은 사람이 단 한 사람도 없다. 이것은 동식물 여타(餘他) 생명 모두가 같다. 왜 다른가 하면, 이 모두가 개체(個體)이기 때문이다. 그리고 이 개체는 제각기 다른 세계를 모두 가지고 있다. 수십 억의 사람이 동시대를 함께 살고 있지만 이들의 생긴 모습과, 삶과, 생각과, 사고, 일체가 모두 다르다. 모두가 자신만의 세계를 가지고, 자기 세계를 지키고 잘살기 위해 노력한다. 일체 모든 생명이 이와 같다.

먼 우주(宇宙)에서 보면 아주 작은 불빛에 지나지 않는 지구(地球)라는 작은 불빛 속에 이렇게 많은 생명이 살면서 각기 자신들의 세계를 모두 지니고 있다.

부처님께서 수보리에게 이것을 많다고 할 수 있겠느냐고 물으니 수보리가 많다고 답한다.

佛告須菩提 爾所國土中 所有衆生 若干種心 如來悉知 何以故 如來說諸心 皆爲非心 是名爲心
불고수보리 이소국토중 소유중생 약간종심 여래실지 하이고 여래설제심 개위비심 시명위심 부처님께서 수보리에게 이르시기를 저곳 국토 가운데 있는 바, 중생의 여러 가지 마음을 여래가 다 아느니, 어찌된 연고이냐. 여래가 말한 마음이 다 마음이 아니요, 이 이름이 마음이기 때문이다.

* 여래께서 이렇게 수없이 많은 중생이 지구를 포함한 삼천 대천세계에 살고 있지만 그 중생 하나 하나의 마음을 모두 아신다는 말씀이다.

여래가 다 아는 것이 무엇인가. 여래께서 마음이라는 것은 마음이 아니고, 이름이 마음이기 때문이라고 말씀하셨다. 실제 중생의 마음을 따져보면 갠지스 강의 모래수를 합친 모래수의 모래수보다 더 많다. 수십 억 인구의 마음이 각자 다르고, 동물과 식물, 곤충, 모든 유정무정(有情無情)들의 마음이 모두 제각기 다르다. 그리고 삼천대천세계의 모든 중생들의 마음이 모두 다르다. 이렇게 다른 마음들이 각기 시시각각(時時刻刻) 변화한다. 이렇게 시시각각 변화하는 모든 중생의 마음을 여래(如來)가 다 안다는 것이니, 어떻게 다 알 수 있는가.

마음은 본래 주처(住處)가 없어, 머무름이 없는 그곳, 그 본래 자리로 돌아가면 이 자리는 마치 허공과 같이 모두가 하나다. 이렇게 수많은 마음으로 갈리기 이전으로 돌아가면 모두가 하나이기 때문에 마음이니 아니니 할 것이 없어 부처와 중생의 구분이 없게 된다.

이 자리는 중생과 부처가 다르지 않으니, 중생이 곧 부처이고, 부처가 곧 중생이니, 어찌 중생이 중생의 마음을 모를 수 있고, 부처가 부처의 마음을 모를 수 있겠는가.

　이런 고로 여래(如來)가 중생의 마음을 다 보고, 다 알 수
밖에 없다.

　그러나 이것도 진여(眞如)의 세계에서 보면, 이름이 중생
이고, 부처이고, 마음일 뿐이라는 말씀이다.

　(이 대목은 스스로 깨쳐야 확연히 알 수 있다.)

所以者何 須菩提 過去心不可得 現在心不可得 未來心不可得
소이자하 수보리 과거심불가득 현재심불가득 미래심불가득

어찌하여 그런가하면, 수보리야, 지나간 마음도 가히 얻을
수 없고, 현재의 마음도 가히 얻을 수 없으며, 미래의 마음
도 가히 얻을 수 없는 까닭이다.

* 이 말씀은 마음의 주처(住處)인 시간에 대한 말씀이다. 과
거심(過去心)은 지나간 시간이요, 현재심(現在心)은 현재의
시간이고, 미래심(未來心)은 미래의 시간이다. 지나간 시간
은 이미 지나가 버렸으므로 실제로 존재하지 않고, 현재의
시간도 찰나에 지나가버리니 존재할 수 없고, 미래의 시간
은 아직 오지 않았으니 존재하지 않는다. 그러므로 지나간
시간은 얻을 수 없고, 현재의 시간도 찰나에 지나가 버리니
얻을 수 없고, 미래의 시간은 아직 오지 않았으니 얻을 수
없다.

　마음도 이와 같다. 잠시 전의 마음은 이미 지나가 버렸으

니 그 어느 곳에서도 찾을 수 없고, 현재의 마음도 찰나에 지나가 버려 머물지 않으니 찾을 수 없고, 미래의 마음은 아직 오지 않았으니 찾을 수 없다.

이 말은 시간이라는 것은 존재하지 않는다는 뜻이다.

과거, 현재, 미래가 어디에 있는가. 수억 년 전 공룡이 지구를 지배했던 그 시간도 그 시간에서 보면 그 시간이 지금 이 시간이다. 미래의 시간도 그 시간에서 보면 그 시간이 지금 이 시간이다. 우리의 어린 시절도 그 때에도 그 때가 지금 이 시간이고, 지금 현재도 지금 이 시간이고, 죽음을 맞이하는 시간도 그 때가서보면 그 시간이 지금 이 시간이다.

시간에는 영원히 흐르지 않는 절대 시간(절대 현재)이 있다. 절대 시간은 우리가 과거라고 하고 미래라고 하는 이것이 만나게 되는 찰나의 시점이다. 엄밀히 말하면 과거의 시간과 미래의 시간은 존재하지 않는다. 절대 시간만 존재한다. 이 절대 시간의 관점에서 보면, 삶도 없고, 죽음도 없고, 고와 낙도 없고, 더럽고 깨끗한 것도 없고, 크고 작은 것도 없고, 사상(四相)도 있지 않고, 있다 없다 조차 존재하지 않는다.

우리가 찰나(刹那)라고 하는 이 절대 시간이 영원(永遠)의 시간이다. 찰나라고 하는 이 절대 시간(현재)이 행복하면 그 사람은 영원히 행복(幸福)하고, 절대 현재가 불행(不幸)하면 그 사람은 과거・현재・미래가 모두 불행하다. 아뇩다라삼먁삼보리가 어디에 있는가. 바로 이 절대 시간(현재) 속에 있다. 이 절대 흐르지 않는 여기에 우리가 말하는 과거, 현재, 미래가 모두 들어 있고, 마음이니 마음 아니니 하는 것과 극락과 지옥, 피안의 세계와 삼천대천세계가 모두 들어 있다.

시간은 억겁(億劫)을 지나도 흐르지 않는다. 시간은 억겁 동안 0.1초도 움직이지 않았다. 다만 시간 속에 존재하는 유정무정들의 상(相)의 변화만 있을 뿐이다.

마음이라는 것도 이와 같이 억겁동안 단 한 치도 움직이지 않았다. 다만 끊임없이 변화하는 상(相)과 번뇌 망상의 생멸(生滅)만 있을 뿐이다.

우리는 유정(有情)·무정(無情)의 변화과정을 시간이 흐르는 것이라고 착각하고 있다.

(일체 모든 선지식善知識 화두話頭의 답이 여기에 있다. 이것을 알고 깨치면 부처요, 모르면 영원한 중생이다.)

이 과거심불가득(過去心不可得) 현재심불가득(現在心不可得) 미래심불가득(未來心不可得)에 대해서 전해오는 유명한 재미있는 일화가 있다.

청원(靑原, ?~740), 석두(石頭, 700~790)로 내려오는 법(法)을 이은 덕산(德山, 780~865) 선사의 젊은 시절이야기다.

덕산(德山)은 중국 당나라 시대를 대표하는 대선사(大禪師)이다. 그는 젊은 시절 처음에는 경전 연구에 몰두하였고, 특히 『금강경』을 늘 강(講)한다 하여 주금강(周金剛, 그의 속성이 周 씨다.)이라는 별명까지 붙은 교학(敎學)의 대가였다. 그가 교학을 떠나 선(禪)으로 깨달음을 얻은 데에는 노파와 관련된 이야기가 전해진다.

후일 선객(禪客)들을 대할 때, 제대로 대답해도 때리고, 대답을 못해도 때린(道得也三十棒, 道不得也三十奉) 것으로 유명한 선지식(善知識)이다.

그는 불경, 특히 『금강경』의 이해에 확신이 설수록 남쪽 지방에서 일어나고 있는 선불교(禪佛敎)에 대해서 반감을 갖게 되었다. 어느 날 그는 "지금 남방에서 불입문자(不入文字), 교외별전(敎外別傳)을 표방하는 무리들이 판을 치고 있다는데, 내 이들을 찾아가 『금강경』의 진수를 일러 주어야 되겠다." 하고 『금강경』 소초(疏抄)를 짊어지고 길을 떠났다.

예주 땅에 이르렀을 때, 길가 노점에서 떡을 팔고 있는 노파가 눈에 띄었다. 마침 점심때라 요기나 할 생각으로 노파 앞에 앉아 떡을 주문했다. 그러자 노파가 말을 걸어 왔다.

"스님이 걸망에 짊어지고 다니는 것이 무엇입니까?"

"『금강경』에 대한 소초요."

그러자 노파가 다시 말을 걸어왔다.

"내가 전생에 지은 업보가 중하여 지금 떡장수로 살아가고 있지만, 다행히 불법과 인연이 있어 스님들의 법문을 많이 들었습니다. 그런데 『금강경』 내용 중에 궁금한 대목이 하나 있는데 스님께 여쭈어 봐도 되겠습니까?"

"『금강경』에 대한 것이라면 무엇이든 물어보시오."

"『금강경』 제18 일체동관분(一切同觀分)에, 과거심불가득

(過去心不可得), 현재심불가득(現在心不可得), 미래심불가득
(未來心不可得)이란 내용이 있는데, 그렇다면 스님께서는 어
느 마음에 점을 치시겠습니까?"

점심은 아침과 저녁 사이에 간단히 요기하는 것을 이르는
말이니, 얼마 안 되는 음식을 뱃속에 점을 찍듯이 집어넣는
다는 의미로 생긴 말이다. 노파의 이 말은, 점심의 심(心)은
사람의 배를 가리키는 말이지만, 이를 마음으로 보고, 주
(住)하는 곳이 없는 마음에 어떻게 점을 친다는 것이냐, 고
추궁한 것이 된다. 즉 과거의 마음은 시간과 함께 이미 흘
러가버려 찾을 수 없고, 현재의 마음도 찰나에 지나가버리
니 이미 없고, 미래의 마음은 아직 오지 않았으니 어느 것
을 스님의 마음이라고 하겠느냐, 하는 물음이다.
　『금강경』은 주처(住處) 없이 천지분간 못하고 날뛰는 마
음을 어떻게 다잡고, 어떻게 머무르고, 어떻게 다스려야 하
는가에 대한 법문이다.
　노파의 이 물음은 이렇게 천지분간 없이 날뛰는 이 마음
이 무엇이며, 떡을 먹고 싶다는 그 마음은 또 무엇이고, 떡
을 먹는다면 과거·현재·미래의 마음 중에 어느 마음이 먹
느냐, 하고 물은 것이 된다. 참으로 맹랑한 노파가 아닐 수
없다. 『전등록(傳燈錄)』에는 이외에도 노파가 스님을 골탕
먹이는 내용들이 전해오는데, 이것은 당나라 시대에 선불교
(禪佛敎)가 일반 대중들에게까지 깊이 파급되어 보편화 되
어 있었기 때문이라고 본다. 지금이라고 이런 노파가 없다
고 하겠는가. 요즘 불자들 중에도 참선 공부 많이 한 사람

들은 얼마든지 있다. 조심할지어다.

교학(敎學)만 공부해온 덕산으로서는 그만 말문이 딱 막혀 아무 말도 하지 못했다,

한참 시간이 흐른 뒤 노파가 덕산에게 말했다.

"여기서 오 리(五里)만 더 가면 용담사에 용담 스님이 계시는데 거기를 찾아가보시오."

점심 요기나 간단히 하려고 잠시 들렀던 떡집의 노파에게 점심은커녕, 큰 망신을 당한 덕산이었으나 의심을 참을 수 없어 용담을 찾아가보기로 했다.

마침내 용담사에 도착한 덕산은 아무도 없는 것을 보고, 큰소리로 호기 있게 외쳤다.

"용담, 용담하기에 찾아왔더니 담(潭=연못)도 보이지 않고 용(龍)도 없지 않는가."

말이 끝나자마자 용담 선사가 나타났다.

"그대는 이제 친히 용담에 이르렀느니라."

이렇게 인연이 되어 덕산은 용담사에 잠시 머물게 되었다.

어느 날 밤, 용담을 찾아 이런저런 한담을 주고받고 있는데, 용담 선사가 말했다.

"이제 밤이 깊은 듯하니 물러가 쉬어라."

덕산은 인사를 하고 방문을 열고 밖으로 나가 신발을 찾았으나 밖이 너무 어두워 손을 더듬거리고 있을 때, 용담 선사가 촛불을 확 갖다 대는 것이었다. 갑자기 주위가 환해지자 덕산이 무심코 손을 뻗어 막 신발을 잡으려는 순간, 용담 선사가 혹 하고 입김을 불어 촛불을 꺼버렸다. 이

순간 덕산은 크게 깨달았다. 지금까지 보지 못했던 신천지를 보게 되었다. 그가 일어나 예배를 드리자 용담 선사가 말했다.

"너는 무엇을 보았느냐?"

"저는 오늘부터 스님의 말씀을 의심하지 않겠습니다."

다음날 덕산은 짊어지고 온 『금강경』 논소(論疏)를 모두 불태워버리고, '깨달음에는 문자가 소용없고, 팔만대장경 역시 한가한 문자(文字)에 불과하다'고 말했다고 한다. (『깨침의 미학』 참고)

마음이 무엇인가? 『금강경』 시작부터 지금까지 수없이 말했지만 마음을 찾아보면 마음은 그 어디에도 실체가 없다. 이 대목에서 부처님께서 말씀하신 것처럼, 잠시 전(前)의 마음은 이미 흘러가 버렸으니 내 마음이라고 볼 수 없고, 현재의 마음도 찰나에 지나가 버리니 이것 역시 내 마음이라고 할 수 없고, 미래의 마음은 아직 오지 않았으니 이것을 내 마음이라고 할 수 없다. 부처님께서 항하의 모래를 비유로 들어 중생의 마음이 각양각색(各樣各色)으로 수없이 많다고 하셨지만 이렇게 수없이 많은 마음이 그 어디에도 실체가 없다. 사람들은 중생들의 행위와 모습을 보고 이것을 마음의 표현이라고 하지만, 이것을 참 마음이라고 할 수 없다. 일체 모든 참 마음은 오직 깨달은 자만 알 뿐 필설(筆舌)로 전할 수 없다.

19. 法界通化分(법계통화분)
법계를 모두 교화하다

須菩提 於意云何 若有人 滿三千大千世界七寶 以用布施 是人
以是因緣 得福多不 如是 世尊 此人 以是因緣 得福 甚多 須
菩提 若福德 有實 如來 不說得福德多 以福德無故 如來 說得
福德多
수보리 어의운하 약유인 만삼천대천세계칠보 이용보시 시인
이시인연 득복다부 여시 세존 차인 이시인연 득복 심다 수
보리 약복덕 유실 여래 불설득복덕다 이복덕무고 여래 설득
복덕다

수보리야, 어찌 생각하느냐. 만약 어떤 사람이 삼천대천세계
에 가득 찰 만큼의 많은 칠보로 보시하면 이 사람이 이 인
연으로서 복을 얻음이 많겠느냐, 그렇습니다. 세존이시어,
이 사람이 이 인연으로 복을 얻음이 매우 많겠습니다. 수보
리야, 만약 복덕이 실로 있는 것이라면 여래가 복덕을 얻음
이 많다고 말하지 않았을 것이다. 복덕이 없는 고로 여래가
말하기를 복덕이 많다고 말한 것이다.

* 이 말씀은 중복되는 말씀으로 칠보(七寶), 즉 물질보시복
덕(物質布施福德)은 상(相)으로 하는 보시이며, 한계가 있는
보시이며, 바람이 있는 보시이기에, 이 복덕이 분명 많지만,

이 물질보시복덕만으로는 '아뇩다라삼먁삼보리'를 성취(成就)하지 못하므로 복덕이 매우 크지만 크지 않다고 말씀하시고, 이어서 복덕이 많다고 하신 것은, 상에 주한 보시복덕 역시 큰 복덕이나, 이것은 사량(思量=숫자, 생각)으로 헤아릴 수 있는 복덕이기에 유한한 복덕이라는 말씀이고, 참으로 진정한 복덕은, 얻음이 없이 얻는 복덕이니, 이 보시복덕에는 많다는 말을 붙일 수가 없다고 하신 말씀이다. 즉 무주상보시(無住相布施) 복덕을 지어야 참다운 복덕이라는 말씀이다.

　아주 없는 것은 없다는 말을 붙일 수가 없고, 아주 많은 것 또한 많다는 말을 붙일 수 없다. 이것은 모두 표현을 할 수 없기에 적고 많다는 말을 붙일 수가 없다.

20. 離色離相分(이색이상분)
색과 상을 초월하다

須菩提 於意云何 佛 可以具足色身見不 不也 世尊 如來 不應
以具足色身見 何以故 如來說 具足色身 卽非具足色身 是名具
足色身
수보리 어의운하 불 가이구족색신견부 불야 세존 여래 불응
이구족색신견 하이고 여래설 구족색신 즉비구족색신 시명구
족색신

수보리야, 어찌 생각하느냐. 부처를 가히 구족한 색신으로
보겠느냐. 아닙니다. 세존이시여, 여래를 구족색신(具足色身)
으로 볼 수 없습니다. 왜냐 하면, 여래께서 설하신 구족색신
이 곧 구족색신이 아니요, 이름이 구족색신이기 때문입니다.

* 이 말씀은 부처님께서 갖추신 신상에 대한 말씀으로, 부
처님께서는 삼십이상(三十二相=부처가 갖춘 인간과 다른 독특
한 신체적 특성)과, 팔십종호(八十種好=부처님의 80가지 아름
다움)의 보통 인간과 다른 독특한 아름다움을 갖추셨다고
한다.
  그러나 아무리 신비롭고 아름다워도 이것은 어디까지나
육신일 뿐, 이 육신 자체만으로는 법신(法身)이라고 할 수
없다. 그래서 이름이 색신(色身)이라는 말씀이다.

이 말씀은 외형으로 나타나는 구족색신(具足色身)을 본 것으로 부처를 보았다고 할 수 없고, 눈에 보이는 부처님의 거룩한 상은 그저 상일 뿐, 그 상에 법이 있는 것이 아니니, 상에 집착하지 말라는 말씀이다.

이 말씀은 깊이 생각해 새겨두어야 할 말씀이다. 우리는 무엇이던 판단할 때 겉모습을 보고 판단하는 경우가 많다. 사람이 사람에게 속고, 사기당하고, 돈 잃고, 배신당하고 하는 이유가 어디에 있겠는가, 이것은 사람을 보고 판단할 때, 그 사람의 진면목(眞面目)을 보지 않고 겉모습만 보고 판단하기 때문이다. 일체 모두가 겉모습에는 진실이 없다. 불상(佛像)도 예외는 아니다. 불상이 아무리 크고 아름답고 화려해도 그 자체만으로는 부처라고 볼 수 없다.

지금 우리는 외모를 중시하는 시대를 살고 있다. 사찰도 이에 편승하여 모두 대형화하고 화려해지고 있다. 부처님께서 진리(眞理)를 외형에서 찾지 말라고 하셨고, 상(相)에서 법을 찾지 말라 하셨는데, 지금 우리는 상에서 법을 찾고 진리를 찾으려하지 않은가 생각해 보아야 할 일이다.

須菩提 於意云何 如來 可以具足諸相 見不 不也 世尊 如來
不應以具足諸相 見 何以故 如來說 諸相具足 卽非具足 是名
諸相具足
수보리 어의운하 여래 가이구족제상 견부 불야 세존 여래
불응이구족제상 견 하이고 여래설 제상구족 즉비구족 시명
제상구족

수보리야, 어찌 생각하느냐. 여래를 가히 구족제상으로 보느냐, 아닙니다. 세존이시여, 신체적 특징을 갖추었다고 여래라고 볼 수 없습니다. 어찌된 연고인가하면, 여래께서 말씀하신 제상구족이 곧 구족이 아니요, 이 이름이 제상구족 이기 때문입니다.

* 이 말씀은 위 대문과 이어지는 것으로 부처가 구족(具足)을 갖추었는가, 아닌가와, 부처의상과 비상, 이름이니 아니니 하는 일체의 모든 시시비비(是是非非)가 모두 한생각 망념(妄念)일 뿐이니, 망념을 일으켜 끌려 다니지 말라는 말씀이다.

　이 망념을 일으키지 않는 사람만이 여래(如來)의 법신(法身)을 보았다고 할 것이다.

21. 非說所說分(비설소설분)
설법 아닌 설법

須菩提　汝勿謂　如來作是念　我當有所說法　莫作是念　何以故
若人言　如來　有所說法　卽爲謗佛　不能解我所說故　須菩提　說
法者　無法可說　是名說法
수보리　여물위　여래작시념　아당유소설법　막작시념　하이고
약인언　여래유소설법　즉위방불　불능해아소설고　수보리　설
법자　무법가설　시명설법

수보리야, 너는 여래가 이런 생각을 하되 '내가 마땅히 설한
법이 있다'고 이르지 말라. 이런 생각을 하지 말라 함은 어
찌된 연고이냐. 만약 사람이 말하기를, 여래가 설한 바 법이
있다고 하면 곧 부처를 비방(誹謗)하는 것이 되고, 능히 나
의 설한 바를 알지 못했기 때문이다. 수보리야 설법이라는
것은 가히 설한 바 법이 없음으로, 이 이름이 설법이라고
말한다.

* 이 말씀은 무위법(無爲法)에 관한 말씀이다. 설법(說法)은
불법(佛法)을 알고 있는 자가 불법을 알지 못하거나 배우는
자에게 필설(筆舌)로 설명해 주는 것을 말한다.
　이 대목에서 부처님께서 수보리에게 내가 설한 법이 있다
고 하지 말라고 하셨다. 그리고 어떤 사람이 여래가 설한

법이 있다고 말하면 이것은 곧 부처를 비방하는 것이요, 나의 설한 바 뜻을 알지 못하는 소이라고 하시고, 설법이란 설할 법 없음이, 이 이름이 설법이라고 하셨다.

이것이 무슨 말씀인가. 이 말씀을 우리는 잘 알아듣고 깊은 성찰이 있어야 한다.

부처님께서 수없이 많은 설법을 하셨지만 실제로는 하지 않은 것이 된다는 이 말씀은, 불법은 우주만물(宇宙萬物)의 본질(本質)로, 참 진리(眞理)이기 때문에 본래 존재하는 것으로, 부처님께서 지어 만든 말씀이 아니라는 것이다. 부처님께서는 본래 존재하는 이것을 중생들에게 알려주어 중생들이 깨달아 알게 한 것이기에 많은 설법을 하셨지만 근본(根本)으로 돌아가면 설법을 하지 않은 것이 된다는 말씀이다.

부처님께서는 이렇게 진리의 길을 중생에게 알려주신 분이시다. 그러므로 엄밀히 말하면, 길을 가고 안 가는 것은 중생의 몫이다. 부처님께서 중생을 강제로 끌고 가는 것이 아니다. 그럼으로 궁극의 참 진리는 본인이 직접 깨달아 알아야 한다.

일체 모든 것들이 처음 시작과 기본은 누군가에게 배워야 하지만 그 이상은 누구에게 배워 알 일이 아니다. 불법도 처음에는 선지식의 설법을 통해 알아야 하지만 궁극의 '아뇩다라삼먁삼보리'는 누가 가르쳐서 얻을 수 없고, 지식으로도 얻을 수 없다. 오로지 본인이 깨쳐 알아야 한다.

지금 내가 이렇게 말하고 있는 것도 이것이 다가 아니다.

이것은 오직 내가 보고 느끼는 경계를 말하는 것일 뿐이다. 같은 부처님 말씀이라도 다른 사람이 다른 경계에서 보면 또 다르게 보일 수 있다. 이것이 무위법(無爲法)으로, 이 대목의 말씀은 진리의 본질은 누구에게서 듣고 보고 배워 체득하는 것이 아니고, 오직 본인이 직접 깨달아 요달(了達)해야 확연(確然)히 알 수 있다는 말씀이다.

이렇기 때문에 부처님 법은 같은 법을 전할 때, 대상에 따라 달라지는 것으로, 일체 모든 법이 중생의 근기(根機)에 따라 다르게 적용되는 것이니, 똑같은 법을 전하더라도 그 대상에 따라 다르게 전하는 것, 이것이 무위법이다. 그러므로 잘 알아야 할 것이 부처님 법은 모두 획일적(劃一的)이지 않다는 것이다.

석가모니 부처님 설법이 이렇게 획일적으로 어떠한 정해진 법이 있어 설한 것이 아니니, 굳이 설법이라는 이름을 붙이자면 설한 법이 없어, 이 이름이 설법이라는 말씀이다.

爾時 慧命須菩提 白佛言 世尊 頗有衆生 於未來世 聞說是法 生信心不 佛言 須菩提 彼非衆生 非不衆生 何以故 須菩提 衆生衆生者 如來說非衆生 是名衆生
이시 혜명수보리 백불언 세존 파유중생 어미래세 문설시법 생신심부 불언 수보리 피비중생 비불중생 하이고 수보리 중생중생자 여래설비중생 시명중생

그때에 혜명 수보리 부처님께 말씀드리기를, 세존이시여, 단지 중생이 오는 세상에 있어, 이 법 설하심을 듣고 믿는 마음을 내겠습니까? 부처님께서 말씀하시기를, 수보리야, 저들이 중생이 아니며, 중생 아님도 아니니, 어찌한 연고이냐, 수보리야, 중생이라 함은 여래의 말로는 중생이 아니라, 이 이름이 중생이기 때문이다.

* 수보리가 후세(後世) 중생들이 이 깊고 미묘(微妙)한 법문을 듣고 믿는 마음을 낼 수 있겠는가?를 부처님께 여쭈어 물었다. 이에 부처님께서는 저들이 중생도 아니요, 그렇다고 중생 아님도 아니라고 말씀하시고, 이 까닭은 중생을 중생이라고 여래가 말한 것은, 중생이 아니고, 그 이름이 중생이라고 말씀하셨다.

중생은 오욕(五欲)과 사상(四相)이 있음으로 중생이고, 중생이 아니라는 것은, 중생마다 모두 불성(佛性)을 지니고 있기에 중생이 아니라고 하신 것이고, 중생 아님도 아니라고 하신 말씀은, 중생 자신이 마음으로는 부처인 것은 알고 있어도 이것이 행으로 이어지지 못하기 때문이다. 마음은 분명 자신이 부처인줄 알지만, 몸은 육진경계(六塵境界)에 빠져 탐진치(貪瞋癡)의 번뇌를 일으키므로 역시 중생이라는 말이다.

중생이 아닌 자는 부처이니, 부처가 부처를 믿을 필요가 없고, 구할 것도, 구할 필요도 없다. 또한 중생은 중생이니, 중생은 후세에도 부처가 되기 위해 부처님 법을 믿고, 육바라밀을 닦아 아뇩다라삼먁삼보리를 성취할 것이라는 말씀이다. 그리고 중생이 중생이 아니고, 중생 아님이 아니라는 말씀은 둘 다 중생이고, 둘 다 중생이 아니라는 말씀으로, 중생이 아니면 부처요, 부처가 아니면 중생인데, 이는 중생이 깨달으면 곧 부처요, 그러므로 부처가 곧 중생이라는 말씀이다.

22. 無法可得分(무법가득분)
얻을 것 없는 법

須菩提 白佛言 世尊 佛 得阿耨多羅三藐三菩提 爲無所得耶
佛言 如是如是 須菩提 我於阿耨多羅三藐三菩提 乃至無有少
法可得 是名阿耨多羅三藐三菩提
수보리 백불언 세존 불 득아뇩다라삼먁삼보리 위무소득야
불언 여시여시 수보리 아어아뇩다라삼먁삼보리 내지무유소
법가득 시명아뇩다라삼먁삼보리

수보리가 부처님께 아뢰어 말씀드린다. 세존이시여, 부처님
께서 아뇩다라삼먁삼보리를 얻은 것은 얻음이 없음이 됩니
까? 부처님께서 말씀하시기를, 그렇다, 그렇다. 수보리야.
내가 아뇩다라삼먁삼보리에 내지 작은 법이라도 가히 얻음
이 없었음에, 이 이름이 아뇩다라삼먁삼보리이다.

* 수보리가 다시 묻기를, 그러면 부처님께서 아뇩다라삼먁
삼보리를 얻은 것은 얻은 바가 없기 때문입니까? 하고 물으
니, 그렇다고 하시며 이 역시 이름이 아뇩다라삼먁삼보리라
고 하셨다.
　불법의 참 진리는 글 속에 있는 것이 아니고 말 속에 있
는 것도 아니다. 참 진리는 말과 글, 상(相)과 행위에 있는
것이 아니다. 말과 글, 눈에 보이는 일체의 상과 행위에는

진리가 없다. 참 진리는 이것을 떠난 자리에 있다. 이 대목의 말씀은, 일체의 모두 것을 떠난 그 자리가 바로 아뇩나라삼먁삼보리이고, 이 자리는 큰 법 작은 법이 있을 수 없고 이름조차 존재할 수 없다는 말씀이다. 그러므로 있다, 없다, 하는 상에 걸리지 않아야 하고, 말과 글자와 의식(意識)에 걸리지 않아야 한다. 말과 글자와 의식만 따라가면 백천만 겁이 지나도 무상진리(無上眞理)인 아뇩다라삼먁삼보리를 얻을 수 없다. 알아도 아는 것 없이 알고, 얻어도 얻는 것 없이 얻는 것이 불법(佛法)이다.

(일체 모든 상이 실체가 없는 것이니, 상相에서 법을 취하려하지 않아야하고, 상 아닌 곳에서도 취하려하지 않아야 한다.)

23. 淨心行善分(정심행선분)
청정한 마음의 선행

復次 須菩提 是法平等無有高下 是名阿耨多羅三藐三菩提 以
無我 無人 無衆生 無壽者 修一切善法 卽得阿耨多羅三藐三菩
提 須菩提 所言善法者 如來說卽非善法 是名善法
부차 수보리 시법평등무유고하 시명아뇩다라삼먁삼보리 이
무아 무인 무중생 무수자 수일체선법 즉득아뇩다라사먁삼보
리 수보리 소언선법자여래설즉비선법 시명선법

다시 또 수보리야, 이 법이 평등하여 높고 낮음이 없으니,
이를 '아뇩다라삼먁삼보리'라 이름한 것이니. 나도 없고, 남
도 없고, 중생도 없고, 수자도 없음으로 일체 선법을 닦으면
곧 아뇩다라삼먁삼보리를 얻게 된다. 수보리야 말한 바 선
(善)한 법이란 것은 여래의 말로는 곧 선한 법이 아니라,
이 이름이 선한 법이라 말한다.

* 시법평등무유고하(是法平等無有高下)
  시명아뇩다라삼먁삼보리(是名阿耨多羅三藐三菩提)
  이무아 무인 무중생 무수자(以無我 無人 無衆生 無壽者)
  수일체선법 아뇩다라삼먁삼보리
  　(修一切善法 卽得阿耨多羅三藐三菩提)

이 말씀이 『금강경』 사구게(四句偈) 네 번째 게송이다.

위에서 수없이 말한 바와 같이 불법(佛法)은 마음 법이다. 아뇩다라삼먁삼보리 역시 마음 법으로, 모두가 평등한 법이다. 이 법, 즉 진리(眞理)의 세계는 모두가 평등하여 성현(聖賢)과 범부(凡夫)가 다르지 않고, 많고 적음도 있지 않고, 사람과 축생, 무정물 등 종(種)의 차별이 없고, 높고 낮음이 없이 모든 것을 구족(具足)하여 갖출 것 없는 세계이다. 이 세계가 바로 '절대평화'와 '절대평등'과 '절대자유'가 완벽하게 이루어져 있는 세계로 영원한 행복의 세계이다.

이렇게 평화와 평등과 대자유가 완벽하게 이루어져 있는 세계를 아뇩다라삼먁삼보리, 피안의 세계라고 하고, 이것을 이루어가는 것이 불법이고, 이것을 이룬 자를 완벽한 인간, 즉 깨달은 자라고 한다.

이 세계가 바로 중생들의 본래 근본(根本)세계이다. 그러나 중생의 현실은 다르다. 중생은 오욕(五欲)과 탐진치(貪瞋癡)로 인해 본래청정이 혼탁(混濁)해져 있으므로, 중생이 이치로는 자기 자성(自性)이 부처인 것을 알지만, 오욕과 사상(四相)에 의해 논리(論理)로 아는 것과 행동이 일치하지 않는다. 논리로는 모든 법을 알고 있시만 이것을 실천하지 못하는 것이 중생이다.

이것은 흐르는 물과 같다. 원래 최초 수원지(水源池)의 물은 모두 깨끗하여 청정수인데, 이것이 흐르면서 불순물이 섞이어 오염되어 혼탁해진다. 이것을 모르는 사람은 없다. 그러나 잘 알면서도 불순물을 제거하지 못하는 것이 사람이다.

어떻게 하면 불순물을 제거하여 본래 청정(淸淨)으로 돌아갈 수 있겠는가? 일체 모두가 마음에서 나오는 것이니, 마음 밖에 따로 무엇이 있는 것이 아니라는 것을 알아야 한다.

일체 모두가 마음에서 일어나는 것이니, 마음 밖에는 아무것도 있지 않다. 밖에서 진리를 찾으려 해서는 안 된다. 악한 행도 마음이고, 선한 행도 마음이고, 죽고자 하는 것도 마음이고, 죽이고자 하는 것도 마음이고, 살고자 하는 것도 마음이고, 살리고자 하는 것도 마음이고, 의욕, 실의, 사랑하는 것, 미워하는 것 일체 모두가 마음이다.

중생(衆生)의 삶이 고(苦)라고 느끼는 것도 역시 마음이다. 마음을 떠나 고(苦)가 따로 있는 것이 아니다. 그러므로 마음을 떠나 부처와 중생, 고(苦)와 낙(樂)이 따로 존재하지 않는다.

이렇게 모두가 마음이 만들어내는 것이니, 진정으로 마음을 놓아버리면 일체의 모두가 존재하지 않게 된다.

심여공화사(心如工畵師) 능화제세간(能畵諸世間)
오온실종생(五蘊實從生) 무법이부조(無法而不造)

이 게송(偈頌)은 『화엄경(華嚴經)』「사구게」의 한 구절이다.

마음은 그림 그리는 화공(畵工)과 같다. 화공은 세간에 못 그리는 것이 없다. 마음도 이와 같이 세상의 모든 것들을 그려낸다. 세상 모든 것들이 마음에서 나왔으니, 마음은 만들지 못하는 법이 없다.

24. 福智無比分(복지무비분)
복과 지혜를 비교할 수 없다
(무엇과도 비교할 수 없는 복과 지혜)

須菩提 若三千大千世界中 所有諸須彌山王 如是等七寶聚 有
人 持用布施 若人 以此般若波羅蜜經 乃至四句偈等 受持讀誦
爲他人說 於前福德 百分不及一 百千萬億分 乃至算數譬喩 所
不能及
수보리 약삼천대천세계중 소유제수미산왕 여시등칠보취 유
인 지용보시 약인 이차반야바라밀경 내지사구게등 수지독송
위타인설 어전복덕 백분불급일 백천만억분 내지산수비유 소
불능급

수보리야, 만일 삼천대천세계 가운데 있는 바, 모든 수미산
왕과 같은 칠보 무더기들을 어떤 사람이 가져다 보시하더라
도, 만약 다른 사람이 이 반야바라밀 경 내지 「사구게」 등
만 수지 독송하여, 남을 위하여 일러주면, 앞의 복덕으로는
백분의 하나도 미치지 못하며, 백 천 만 억분과 내지 숫자
나 비유로서 미치지 못할 바이다.

* 이 말씀은 여러 번 중복되는 말씀이지만, 그만큼 이 경을
지니고 이해하고, 실천하고, 남을 위해 일러주는 공덕은 그
무엇과도 비교할 수없이 한량없이 크다는 말씀이다. 거듭

말하지만 부처님께서 수지 독송과 위타인설(爲他人說=포교)을 강조하시는 것은, 사람 개개인의 마음이 중요하기 때문이다. 사람이 어떤 마음을 지니고 행하느냐에 따라 작게는 그 사람의 삶이 변하고, 그 사람의 주변이 변하고, 크게는 그가 속해 있는 사회가 변화한다. 사람을 99명이나 죽인 '앙굴리마라'라는 살인자도 부처님을 친견하고 마음을 깨쳐 제자가 되었다. 그리고 칠보와 사구게를 비교하셨는데, 칠보는 모든 물질을 상징한 것으로 물질은 계속 쓰다보면 언젠가는 소진되고 없어지지만, 진리당체(眞理當體)인 불법은 쓰면 쓸수록 늘어나 다함이 없는 것이기에 불법을 깨달아 자신이 알고, 다른 사람에게도 알게 하는 것이 그 어느 공덕보다 크다는 말씀이다.

25. 化無所化分(화무소화분)
교화하되 교화하는 바가 없다

須菩提 於意云何 汝等 勿謂 如來作是念 我當度衆生 須菩提
莫作是念 何以故 實無有衆生 如來度者 若有衆生 如來度者
如來 即有我人衆生壽者 須菩提 如來說有我者 即非有我 而凡
夫之人 以爲有我 須菩提 凡夫者 如來說卽非凡夫 是名凡夫
수보리 어의운하 여등 물위 여래작시념 아당도중생 수보리
막작시념 하이고 실무유중생 여래도자 약유중생 여래도자
여래 즉유아인중생수자 수보리 여래설유아자 즉비유아 이범
부지인 이위유아 수보리 범부자 여래설즉비범부 시명범부

수보리야, 어찌 생각하는가. 너희들은 여래가 이런 생각을
갖는다고 이르지 말라. '내가 마땅히 중생을 제도한다'고.
수보리야, 이런 생각을 가지지 말라 함은 어찌한 소이이냐,
실로 여래가 제도할 중생이 없음이니, 만약 여래가 제도할
중생이 있다 하면, 여래가 곧 아인중생수자에 있음이니라.
수보리야, 여래의 말에 나라고 있는 것은, 곧 내가 있음이
아니거늘, 범부들이 내가 있다고 집착한다. 수보리야, 범부
라는 것도 여래의 말씀에는 곧 범부가 아니고 이 이름이 범
부일 뿐이다.

* 이 대문 역시 중복되는 말씀이지만 깊은 성찰(省察)이 있

이야 할 것이다. 위 말씀에서 수지 독송의 공덕에 대해서 말씀하시면서 비유를 드셨는데, 이 대문에서 "너희들이 내가 이런 생각을 갖는다고 이르지 말라."는 말씀은 상(相)에 대해 다시 한 번 강조하신 말씀이다. 이 경은 처음부터 끝까지 마음 법을 설하신 경이다. 우리의 본 마음인 보리(불성)는 본래 상이 없기 때문에 본래 마음을 찾아 돌아가면 부처와 둘이 아니다. 그런데 보통 사람들은 이것을 잊고, 나를 말하면 나라는 아상에 걸리고, 중생이라고 말하면 중생에 걸리고, 범부라고 말하면 범부에 걸리니, 부처님께서 다시 강조해서 말씀하시기를, 이 모든 상에 걸리지 않아야 한다는 말씀이다. 그리고 사상에서 벗어나면 부처도 범부도 역시 이름이 부처요, 범부이지, 이 둘이 다르지 않다는 말씀이시다.

26. 法身非相分(법신비상분)
법신은 형상이 아니다

須菩提 於意云何 可以三十二相 觀如來不 須菩提言 如是如是
以三十二相 觀如來 佛言 須菩提 若以三十二相 觀如來者 轉
輪聖王 卽是如來 須菩提 白佛言 世尊 如我解佛所說義 不應
以三十二相 觀如來

수보리 어의운하 가이삼십이상 관여래부 수보리언 여시여시
이삼십이상 관여래 불언 수보리 약이삼십이상 관여래자 전
륜성왕 즉시여래 수보리 백불언 세존 여아해불소설의 불응
이삼십이상 관여래

수보리야, 어찌 생각하느냐. 가히 삼십이상으로서 여래를 본
다 하겠느냐? 수보리가 말씀드린다. 그렇습니다. 삼십이상으
로 여래를 봅니다. 이에 부처님이 말씀하시기를, 수보리야,
만약, 삼십이상으로 여래를 본다고 한다면 전륜성왕(轉輪聖
王)도[12] 곧 여래이겠구나. 수보리 말씀드린다. 세존이시여,

---

12) 전륜성왕은 사주세계(四洲世界: 수미산須彌山을 중심으로 사방에 있는 네 개
   의 세계. 동승신주東勝身洲, 남섬부주南贍部洲, 서우화주西牛貨洲, 북구로주北
   俱盧洲)를 다스리는 대왕으로, 부처님과 같이 삼십이상을 구족(具足)하였다고
   한다.
   　부처님께서 수보리에게, 삼십이상(三十二相)으로 여래를 본다고 하겠느냐고
   물으니, 본다고 말씀드린다. 그렇다면 삼십이상을 갖춘 전륜성왕도 그렇게 보
   느냐고 다시 물으니, 응당 삼십이상으로 여래를 보지 못한다고 말씀드린다.
   　전륜성왕도 부처님과 같은 삼십이상을 갖추었는데 여래는 삼십이상으로 보
   고 전륜성왕은 보지 못한다는 말이 무슨 말인가.
   　여기에서 보느냐, 아니냐하는 것은 무위법으로, 어느 때는 보고, 어느 때는

제가 부처님의 실하신 바 뜻을 아는 바 같아서는, 응당 삼십이상으로서 여래를 본다고 못합니다.

爾時 世尊 而說偈言 若以色見我 以音聲求我 是人行邪道 不
能見如來
이시 세존 이설게언 약이색견아 이음성구아 시인행사도 불
능견여래

그때 부처님께서 게(偈)를 설하여 말씀하시기를, "만약 모양으로 나를 보려하거나, 음성으로 나를 구하면, 이 사람은 삿된 도를 행함이라. 능히 여래를 보지 못한다."

* 약이색견아(若以色見我) 이음성구아(以音聲求我) 시인행사
도(是人行邪道) 불능견여래(不能見如來)

이 말씀이 『금강경』 다섯 번째 「사구게」이다.

이 말씀은 두고두고 마음에 새겨 두어야 할 게송이다. 색(色)으로 부처를 보려하거나, 소리로 부처를 구하려 하지 않아야 한다는 말씀은, 무엇이든 상(相)에는 실체가 없으니,

---

보지 않는다는 말이니, 볼 수도 있고, 그렇지 않을 수도 있다는 말이다. 전륜성왕도 부처와 똑같은 삼십이상을 갖추었다면 그가 곧 부처이니, 보느냐 아니냐가 무슨 의미가 있겠는가. 거듭 말하지만 이 말은 무엇이든 매이지 않아야한다는 말이다. 전륜성왕도 매이면 중생이요, 매이지 않으면 부처이고, 중생도 매이지 않으면 부처이다. 이 도리를 반드시 알아야 한다.

상에 치우치지 않아야 한다는 말씀으로, 눈에 보이는 것과, 귀에 들리는 것, 일체제상(一切諸相)에 현혹되지 않아야 참 진리를 찾을 수 있다는 말씀이다. 거듭 말하지만 눈에 보이는 색이 아무리 화려하고 아름다워도 그것에는 실체(영원한 생명, 진리)가 없다. 귀에 들리는 소리 역시 아무리 웅장(雄壯)하고 감미(甘味)로워도 그것은 그저 웅장하고 감미롭게 들리는 소리일 뿐, 그 소리 자체에는 실체가 없다. 목탁소리가 아무리 청량(淸凉)하고, 염불소리가 아무리 청아(淸雅)하게 들려도 그것은 그저 그렇게 청량하고, 아름답게 들리는 소리일 뿐이다. 그 소리에는 법이 없다. 그러므로 눈에 보이는 형상에 끌려 다니지 않아야 하고 귀에 들리는 소리에 현혹되지 않아야 참 진리를 얻을 수 있다.

부처님께서 기원정사에 계실 때, 사리불 존자는 하루 세 번씩 천안(天眼)으로 세상을 살펴 제도할 중생이 있으면 곧 제도(濟度)하였다. 마침 그때 상인들이 장사를 떠나면서 개를 한 마리 데리고 갔다. 도중에 상인들이 잠든 사이에 배가 고픈 개가 고기를 훔쳐 먹었다. 한숨자고 일어난 장사꾼들이 개가 고기를 먹은 사실을 알고 개를 때려 다리가 부러졌고, 그들은 개를 그대로 사막에 버리고 떠났다. 사리불 존자는 천안(天眼)으로, 다리를 다쳐 굶주리고 괴로워하는 개를 보고 찾아가 먹을 것을 주고 보살펴 주었다.
그 후 사리불은 개가 죽어 환생(還生)한 것을 보고, 환생한 바라문의 집으로 찾아가 그 아이를 시자(侍者)로 달라고 하였다. 그러자 바라문이,

"내게는 태어난 지 얼마 되지 않는 균제라는 사내아이가 있지만 지금은 너무 어려 보내드릴 수 없고, 이 아이가 일곱 살이 되거든 데리러 오십시오."

이리하여 일곱 살이 된 균제는 사리불의 시자(侍者)가 되었다.

균제는 사리불의 가르침을 잘 받아들여 어린 나이에 '아라한(阿羅漢)'도를 얻게 되었다. 그는 자신의 혜안으로 자신의 전생(前生)을 돌아보았다. 그리고 한 마리의 불쌍한 개의 몸이었던 자신을 사리불 존자가 축생(畜生)의 고(苦)에서 벗어나게 해 주었던 사실을 알게 되었다. 이에 감복(感服)한 균제는 사리불을 더욱 열심히 모시게 되었다.

이것을 본 아난이 부처님께 여쭈었다.

"세존이시여, 저 사미 균제는 전생에 어떤 나쁜 업을 지었기에 개의 몸을 받았으며, 또 어떤 착한 일을 했기에 어린 나이에 해탈(解脫)을 얻었는지 알 수 없습니다."

그러자 부처님께서 말씀하셨다.

"옛날, 카사파 부처님 때, 한 젊은 비구가 음성(音聲)이 맑고 낭랑하여 범패(梵唄)를 잘 불렀으므로 사람들이 모두 즐겨 들었다. 그러나 한 비구는 나이도 많고 음성이 둔탁하여 범패를 잘 부르지 못했다. 늙은 비구의 범패 소리를 들은 젊은 비구가 비웃으며 말했다.

"스님의 범패 소리는 마치 개가 짖는 소리 같습니다."

노 비구는 그를 불러 물었다.

"그대는 나를 아는가?"

"나는 이미 아라한(阿羅漢)이 되었고 사문의 위의(威儀)와 법도(法道)를 온전히 갖추었느니라."

젊은 비구는 이 말을 듣고 두려워 자신의 잘못을 뉘우치고 참회(懺悔)했다.

노 비구는 그의 참회를 받아주었다.

젊은 비구는 자신의 아름다운 목소리에 취해 노 비구를 깔보고 조롱한 과보(過報)로 개의 몸을 받았고, 이후 어린 나이에 집을 나와 청정(淸淨)한 계행(戒行)을 가졌기 때문에 해탈(解脫)을 얻게 되었느니라."

(『불교설법전서(佛敎說法全書)』 「현우경(賢愚經)」 '사미균제품 沙彌均提品')

27. 無斷無滅分(무단무멸분)
단절도 없고 멸함도 없다

須菩提 汝若作是念 如來 不以具足相故 得阿耨多羅三藐三菩
提 須菩提 莫作是念 如來 不以具足相故 得阿耨多羅三藐三菩
提 須菩提 汝若作是念 發阿耨多羅三藐三菩提心者 說諸法斷
滅 莫作是念 何以故 發阿耨多羅三藐三菩提心者 於法 不說斷
滅相

수보리 여약작시념 여래 불이구족상고 득아뇩다라삼먁삼보
리 수보리 막작시념 여래 불이구족상고 득아뇩다라삼먁삼보
리 수보리 여약작시념 발아뇩다라삼먁삼보리심자 설제법단
멸 막작시념 하이고 발아뇩다라삼먁삼보리심자 어법 불설단
멸상

수보리야, 네가 만약 이 생각을 내어 '여래는 구족상(具足
相)을13) 쓰지 아니한 연고로 아뇩다라삼먁삼보리를 얻었다'

---

13) 부처님의 구족상은 32응신(應身) 80종호(種好)를 말한다. 구족상(具足相)을
   상(相)으로 보지 않는 것도 법이 아니요, 구족상을 쓰지 않고 법을 얻었다고
   생각하는 이것도 법이 아니라는 말씀으로, 아뇩다라삼먁삼보리를 얻은 자는
   상을 상으로 보지, 상 아닌 것으로 보지도 않는다는 말씀이다.
     중생들은 무엇을 보고 듣던 그것에 빠져 흑백 논리로 구분하여 상을 내어,
   기뻐하고, 슬퍼하고, 의심하고, 탐하고, 분노하고, 어리석어, 삶이 고(苦)의 연
   속이다. 당장 처해 있는 고(苦)가 해결되면 바로 또 새로운 다른 고가 생겨나
   서 고가 끊임없이 연속으로 이어진다. 중생에게 이렇게 고가 끊임없이 반복되
   는 이유는, 중생은 무엇을 듣고 보던 본질을 보지 못하고 부분적으로 단편적
   이고 극단적인 것만 보아, 상을 내고, 의심하고, 사악한 마음을 내기 때문이
   다. 이렇게 본질은 보지 못하고 흑백논리에 빠져 극단적 마음을 내는 것은 상
   (相)을 상으로 보거나, 상 아님으로 보거나 하는 경계가 있기 때문이다(이렇

하겠느냐. 수보리야. 여래가 구족 상을 쓰지 않는 고로 아뇩다라삼먁삼보리를 얻었다고, 이런 생각을 하지 말라. 수보리야, 네가 만약 이런 생각을 하되, 아뇩다라삼먁삼보리심을 일으킨 자는, 모든 법이 단멸됨을 말하는가, 이 생각도 두지 말지니 어찌된 연고이냐 아뇩다라삼먁삼보리심을 일으킨 자는 법에 단멸상을 말하지 않기 때문이다.

게 구분지어 보는 것이 단멸상이다).
　　이 경계를 넘어서서 본질을 보고, 진실(진리)을 보게 되면 고(苦)가 더 이상 고(苦)가 아니고, 단멸(斷滅)도 더 이상 단멸이 아니게 된다.

28. 不受不貪分(불수불탐분)
지니지도 않고 탐하지도 않는다

須菩提 若菩薩 以滿恒河沙等世界七寶 持用布施 若復有人 知
一切法無我 得成於忍 此菩薩 勝前菩薩 所得功德 何以故 須
菩提 以諸菩薩 不受福德故 須菩提 白佛言 世尊 云何菩薩 不
受福德 須菩提 菩薩 所作福德 不應貪着 是故 說 不受福德
수보리 약보살 이만항하사등세계칠보 지용보시 약부유인 지
일체법무아 득성어인 차보살 승전보살 소득공덕 하이고 수
보리 이제보살 불수복덕고 수보리 백불언 세존 운하보살 불
수복덕 수보리 보살 소작복덕 불응탐착 시고 설 불수복덕

수보리야, 만약 보살이 항하 모래와 같은 세계에 가득 찬
칠보로서 보시에 가져다 쓸지라도, 만약 다른 사람이 있어
일체법에 내가 없음을 알아, 인(忍)을 얻어 성취하면 이 보
살이 앞에 말한 보살의 얻은 공덕보다 뛰어나다. 어찌한 연
고이겠느냐. 수보리야, 이 보살은 복덕을 받지 않은 까닭이
다. 수보리가 부처님께 아뢰어 말씀드리기를, 세존이시여,
어찌 보살은 복덕을 받지 않는다 하십니까? 수보리야, 보살
의 지은 바 복덕은 응당 탐내고 집착함이 아니기에, 이런고
로 복덕을 받지 않는다고 말한 것이다.

* 이 대목에서 다시 수지 독송공덕에 대해서 말씀하시는데,

누구라도 일체법이 내가 없음을 알아 인(忍)을 성취하면 칠보(七寶)로 성취한 복덕보다 승하다고 하시고, 그것이 보살은 복덕을 받지 않는 까닭이라고 하셨다. 수보리가 다시 보살은 어찌 복덕을 받지 않느냐고 물으니, 보살의 지은 공덕은 탐내고 집착한 보시가 아님으로 복덕을 받지 않는다 하셨다.

이제 이쯤해서 우리가 잘 알아야 할 것이, 보시에는 많고 적음이 있을 수 없고, 물질(物質) 보시와 법(法) 보시의 공덕(功德)이 따로 정해져 있는 것이 아니라는 것이다. 부처님께서 처음부터 끝까지 물질 보시와 법 보시를 구분지어 말씀하시는데, 이것은 상이 있는 보시와 상이 없는 보시를 말씀하신 것으로, 물질 보시이건 법 보시이건 상이 있으면 그것은 복덕과 공덕이 정해져 있어 유한한 것이고, 어떤 보시가 되었던 상이 없는 보시는 그 공덕이 무한하다는 것이다.

그러나 이미 인(忍)을 성취해 깨달음을 이룬 자에게는 이것 역시 의미가 없다. 이미 깨달음을 성취해 나도 없고 너도 없는 대자유를 이루었는데 무엇이 있을 수 있겠는가.

이 대목의 말씀은 이렇게 어떤 보시이던 상 없는 보시복덕을 짓는 자가 바로 일체법을 행하는 진정한 보살이라는 말씀이다.

그리고 이 대목에서 부처님께서 인(忍)을 성취한 보살이 진정한 보살이라고 말씀하셨는데, 이 말씀은 두 가지의 매우 중요한 뜻이 있다.

첫 번째 인을 성취했다는 말의 뜻은, 인(忍)은 인내와 용서를 뜻하는 것으로 완벽한 '인욕(忍辱)바라밀을 이루어 행하는 자'라는 말씀이다.

인욕바라밀은 일체의 모든 고(苦)를 포용하고 넘어, 아름다움으로 승화시켜 행하는 대자대비의 마음으로, '인을 성취한 보살'이라는 말씀은, 삼계의 일체 모든 중생을 긍휼이 여기는 대자대비의 마음을 이루어 행하는 자라는 뜻이다.

두 번째는, 인(忍)은 인증(認證)으로, '일체법에 내가 없음을 알아 인을 성취했다'는 것은, 아상 인상 중생상 수자상이 없음을 이치로만 아는 단계에서, 이(理)와 사(事)가 둘이 아닌, 지행(知行)의 일치를 얻었다는 말씀이다. 곧 아뇩다라삼먁삼보리를 이룬 자 라는 것을 인증(認證)한다는 뜻이다. 즉 여기까지의 법문을 완벽하게 깨달아 행하는 자는 '지행(知行)의 일치를 이룬 자'라고 부처님께서 인증한다는 뜻이다.

이렇게 인(忍)은, 완벽한 인욕바라밀을 이루어 이것을 행하는 것과, 자격을 부여하는 증명의 의미이다.

29. 威儀寂靜分(위의적정분)
위의를 갖추어 고요하다(오고감이 없음)

須菩提 若有人 言 如來 若來 若去 若坐 若臥 是人 不解我所
說義 何以故 **如來者 無所從來 亦無所去 故名如來**
수보리 약유인 언 여래 약래 약거 약좌 약와 시인 불해아소
설의 하이고 **여래자 무소종래 역무소법 고명여래**

수보리야, 만약 어떤 사람이, 여래가 온다거나, 간다거나,
앉는다거나, 눕는다거나 말하면 이 사람은 나의 말한 바 뜻
을 알지 못함이니라. 어찌한 연고이냐, 여래라는 것은 온 바
도 없으며, 또한 가는 바도 없는 고로 이 이름이 여래라 하
는 것이다.

* '여래자 무소종래 역무소거 고명여래(如來者 無所從來 亦無
所去 故名如來)'
  이 게송이 여섯 번째 「사구게」이다.

  만약 이떤 사람이, 부처가 어디에서 왔다거나, 어디로 갔
다거나, 앉아있다고 하거나, 누워 있다고 하거나 한다면 이
사람은 여래를 보지 못한 사람이다. 여래는 오고와도 온 곳
이 없고, 가고 가도 역시 간 곳이 없으니 이름 하여 여래라
한다.

우리는 불상(佛像)을 볼 때, 앉아 있으면 좌불(坐佛)이고, 서 있으면 입불(立佛)이고, 누워 있으면 와불(臥佛)이라고 한다. 그러나 이것은 어디까지나 중생의 모습을 부처로 표현한 형상(形象)일 뿐, 본래 진신(眞身)은 오는 것도 아니고, 가는 것도 아니고, 앉아 있지도 않고, 서 있지도 않고, 그렇다고 누워 있는 것도 아니다.

참 진리는 눈에 보이는 상에 있지 않으니, 상을 상으로 보지 않아야 하고, 상 아닌 것으로도 보지 않아야 한다.

30. 一合理相分(일합이상분)
부분과 전체의 진실된 모습

須菩提 若善男子善女人 以三千大千世界 碎爲微塵 於意云何
是微塵衆 寧爲多不 須菩提言 甚多 世尊 何以故 若是微塵衆
實有者 佛卽不說是微塵衆 所以者何 佛說微塵衆 卽非微塵衆
是名微塵衆 世尊 如來所說三千大千世界 卽非世界 是名世界
수보리 약선남자선여인 이삼천대천세계 쇄위미진 어의운하
시미진중 영위다부 수보리언 심다 세존 하이고 약시미진중
실유자 불즉불설시미진중 소이자하 불설미진중 즉비미진중
시명미진중 세존 여래소설삼천대천세계 즉비세계 시명세계

수보리야, 만약 선남자선여인이 삼천대천세계를 부수어 먼
지로 만들면 어찌 생각하는가. 이 먼지들이 진실로 많음이
되겠는가? 매우 많습니다. 세존이시여. 어찌된 연고(이유)이
냐 하면, 만약 이 먼지들이 실제로 있는 것이라면, 부처님께
서 곧 이 먼지들이라고 말씀하지 않으셨을 것이기 때문입니
다. 어찌된 소이(까닭)이냐 하면, 부처님께서 말씀하신 먼지
들은 곧 먼지가 아니요, 이 이름이 먼지이기 때문입니다. 세
존이시여, 여래께서 말씀하신 바, 삼천대천세계도 곧 세계가
아니라 이 이름이 세계입니다.

* 위 대목에서는 여래가 온 곳도 없고, 간 곳도 없다고 하

시고, 이번에는 삼천대천세계를 모두 부수어 가루로 만든다면 이것들이 실로 많다고 할 수 있겠느냐고 수보리에게 물으니, 수보리가 아주 많다고 한다. 왜 그런가? 삼천대천세계가 형용(形容)할 수 없이 큰 세계인 것은 맞지만, 이것 역시 진여(眞如)의 세계에서 보면 그저 한 티끌과 다름이 없다는 말씀이다.

아무리 큰 물체라도 이것은 작은 입자들이 모여서 이루어진 것으로, 이것을 본래대로 되돌려 놓으면 역시 먼지 티끌에 지나지 않는다. 또한 이 티끌을 모아 놓으면 다시 삼천대천세계가 된다. 그러므로 진여(眞如)의 세계에서 보면, 삼천세계도 세계가 아니고, 먼지도 먼지가 아니고, 이름이 삼천대천세계요, 먼지이기 때문에 많고 적은 것에 걸리지 않음으로 많다고 한 것이 된다.

삼천대천세계도 세계가 아니고 먼지도 먼지가 아니라면 이것이 모두 무엇이란 말인가.

이것은 중생들의 마음을 비유해서 하신 말씀이다.

중생의 마음을 헤아릴 때, '불가설 미진수(不可說微塵數)'라고 한다. 이 말은, 중생의 마음은 말로 다 설명할 수 없고, 헤아릴 수 없을 만큼 변화무쌍하여 종잡을 수 없다는 말이다.

중생의 마음은 일일일야(一日日夜) 만사만생(萬死萬生)으로, 하루에도 만 번을 죽었다가 만 번을 살아난다. 중생의 번뇌가 이렇게 많지만, 이 모두가 허상에 지나지 않는다는 말씀으로 본래로 돌아가면 그저 이름이 먼지요, 세계요, 마음이고, 극락, 지옥이지 모두가 참이 아니요, 진실되지 않다는 말씀이다(이 내용은 지혜나 머리로 알려고 하지 않아야 하고, 알음알이로 알려고 하지도 않아야 한다).

何以故 若世界 實有者 卽是一合相 如來說 一合相 卽非一合相 是名一合相 須菩提 一合相者 卽是不可說 但凡夫之人 貪着其事
하이고 약세계 실유자 즉시일합상 여래설 일합상 즉비일합상 시명일합상 수보리 일합상자 즉시불가설 단범부지인 탐착기사

어찌된 연고인가 하면, 만약 세계가 실제로 있는 것이라면 이것은 곧 한 덩어리의 상(相)이라 할 것입니다. 여래의 말씀으로는, 한 덩어리가 곧 한 덩어리가 아니요, 이 이름이 한 덩어리의 상입니다. 수보리야, 일합상(一合相) 한 뭉치라는 것은, 곧 가히 말로 다 못할 것이거늘, 다만 범부의 사람들이 그 일에 탐착(貪着=만족할 줄 모르고 더욱 사물에 집착함)할 따름이다.

* 이 말씀은, 티끌이고 세계이고, 번뇌, 무엇 무엇이라고 하는 것이 모두 실상이 아닌 거짓 이름일 뿐이니, 거짓 이름이라는 것은 이 세계가 진실된 참된 세계가 아니고 가상(假相)의 세계라는 말씀이다. 진실된 세계는 지금 이 세계가 아니고 아뇩다라삼먁삼보리의 세계가 바로 진실된 세계이니, 그 세계에서 보면, 삼천세계와, 사바세계, 피안의세계가 모두 한 덩어리로 하나로 되어 있을 뿐이라는 말씀이다. 이

모두가 한 덩어리라는 말은, 본래 하나에서 나누어진 것이기 때문에 근본으로 돌아가면 삼천세계와 사바세계, 피안의 세계가 모두 하나로 같은 것이라는 말이다. 일체의 모두가 이와 같으니, 번뇌와 보리가 둘이 아니고, 상과 상 아님이 둘이 아니라는 말씀으로, 번뇌를 버리고 보리가 따로 없으며, 생사를 떠나 열반이 따로 없고, 중생을 떠나 부처가 따로 없고, 상을 떠나 상 아닌 것이 없는 것으로, 번뇌가 없으면 보리도 없고, 생(生)이 없으면 사(死)도 없게 되고, 중생이 없으면 부처도 없게 된다. 그러므로 이것들이 모두 손등과 손바닥처럼 하나로 한 덩어리요, 한 뭉치의 세계라는 말이다.

그러나 이 한 덩어리 세계라는 것도 본래의 세계, 여래의 경계에서 보면 한 덩어리가 아니요, 거짓 이름인 것이니, 마치 꿈을 깬 사람이 꿈속을 회상(回想)하는 것과 같다.

내용 끝부분에, '일합상(一合相) 한 뭉치라는 것은 곧 가히 말로 다 하지 못할 것이거늘, 다만 범부(凡夫)들이 그 일에 탐착하느니라'는 말씀은, 여래의 경계에서 본 일합상의 세계는 말로 표현하면 모두가 망설(妄說)이 된다는 말씀이다.

일합상의 이치를 이렇게 글로 설명하고 있지만, 일합상의 진리는 말과 글로 다 표현할 수가 없다. 이 세계는 오직 깨달은 자만 알 수 있는 세계이다. 그러나 말과 글이 아니면 설명할 방법이 없는 것으로, 분명한 것은, 나는 어디에 있어도 나다. 가상(假相)의 세계에 있어도 나이고, 진실(眞實)의 세계에 있어도 나이고, 나라고 해도 나이고, 내가 아니라고 해도 나이고, 세계가 아닌 세계에 있다고 해도 나이지, 다른 무엇이 될 수 없다.

31. 知見不生分(지견불생분)
지견(관념)을 내지 않는다

須菩提 若人 言 佛說我見 人見 衆生見 壽者見 須菩提 於意
云何 是人 解我所說義不 不也 世尊 是人 不解如來所說義 何
以故 世尊 說我見人見衆生見壽者見 卽非我見 人見 衆生見
壽者見 是名 我見 人見 衆生見 壽者見
수보리 약인 언 불설아견 인견 중생견 수자견 수보리 어의
운하 시인 해아소설의부 불야 세존 시인 불해여래소설의 하
이고 세존 설아견인견 중생견수자견 즉비아견 인견 중생견
수자견 시명 아견 인견 중생견 수자견

수보리야, 만약 사람이 말하기를, 부처가 나라는 지견(知見)
과 남이라는 지견과 중생이라는 지견과 수자의 지견을 말하
였다 하면, 수보리야, 어떠하냐. 이 사람이 나의 말한 바 뜻
을 안다 하겠느냐. 아닙니다, 세존이시여. 이 사람이 여래의
설한 바 뜻을 알지 못한 것입니다. 어찌된 연고인가 하면,
세존께서 설하신, 아견(我見), 인견(人見), 중생견(衆生見),
수지견(壽者見)은 곧 아견, 인견, 중생견, 수자견이 아니요,
이 이름이 아견, 인견, 중생견, 수자견입니다.

* 이 말씀은 지견에 대한 말씀으로, 지견은 지식(知識)으로
알고 있는 견해(見解)를 말한다.

이 대목의 말씀은, 부처님께서 지금까지 말씀하신 모든 법은 지식(知識)과 견해(見解)를 말씀하신 것이 아니고, 진리(眞理)를 말씀하신 것으로, 만약 어떤 사람이 부처님 말씀을 부처님께서 직접 만들어 전파하신 것이라고 한다면 이 사람은 부처의 진리를 알지 못하는 사람이라는 말씀이다.

거듭 말하지만, 부처님 법은 모두 진리당체(眞理當體)로, 없는 법을 새롭게 만들어 전(傳)하신 게 아니다.

須菩提 發阿耨多羅三藐三菩提心者 於一切法 應如是知 如是見 如是信解 不生法相 須菩提 所言法相者 如來說 卽非法相 是名法相
수보리 발아뇩다라삼먁삼보리심자 어일체법 응여시지 여시견 여시신해 불생법상 수보리 소언법상자 여래설 즉비법상 시명법상

수보리야 아뇩다라삼먁삼보리심을 발한 자는, 일체법에 응당 이와 같이 알며, 이와 같이 보며, 이와 같이 믿어 알아, 법이라는 관념(법상)을 내지 않아야 한다. 수보리야, 말한 바 법상이란 것은, 여래의 말로는 곧 법상이 아니라, 이 이름이 법상이다.

* 이제 이 경의 마무리 단계에서 부처님께서 수보리에게 당부하여 말씀하시기를, 일체의 모든 법이 이와 같으니 법상(法相=천지 만유의 모양, 생긴 모습)을 내지 말라는 말씀이다.

중생은 어떤 문제가 생길 때마다 항상 상(相)을 내어 마음이 흔들리고, 마음에 동요(動搖)가 일어나게 되어있다. 이것을 보면 이렇게 마음이 일어나고, 저것을 보면, 저렇게 마음이 바뀌고, 보고 듣는 것마다 이리 저리 끌려 다니며 상을 내는 것이 중생의 마음이다. 이런 가운데에서도 나를 매이지 않으면 마음이 항상 고요하여 편안한 법이다. 어디에도 매이지 않는 편안한 마음을 지니는 것, 이것이 세상에서 가장 행복하게 잘사는 법이다.

영원히 행복하게 잘살려는 마음을 가진 자는 일체 경계에 부딪칠 때마다, 이렇게 알고, 이렇게 보고, 이렇게 믿어 마음을 동하지 않아야 한다. 마음을 동하지 말라는 말도 마음이 동한 것이 되니, 이것조차 내지 않아야 가장 잘 사는 법을 얻었다 할 수 있다.

32. 應化非眞分(응화비진분)
응신과 화신은 진실이 아니다

須菩提 若有人 以滿無量阿僧祇世界七寶 持用布施 若有善男
子善女人 發菩薩心者 持於此經 乃至四句偈等 受持讀誦 爲人
演說 其福 勝彼 云何爲人演說 不取於相 如如不動
수보리 약유인 이만무량아승지세계칠보 지용보시 약유선남
자선여인 발보살심자 지어차경 내지사구게등 수지독송 위인
연설 기복 승피 운하위인연설 불취어상 여여부동

수보리야, 만약 사람이 있어, 무량 아승지 세계에 가득 찬
칠보로서 가져다 보시에 썼다 하더라도, 만약, 선남자선여인
이 보살심을 발한 자가 있어, 이 경을 지니되, 내지 사구게
만이라도 수지 독송하여, 남을 위하여 연설하면 그 복덕이
저보다 뛰어나다. 어떻게 하는 것이 남을 위하여 연설함인
가, 설해준다는 마음에 집착하지 말고 설해야 할 것이니, 상
을 취하지 아니하여 여여부동(如如不動)할지니라.

* 상(相)을 취하지 않는 것이 무엇인가? 상을 상으로 알고
상을 취하는 것도 상이고, 상을 상 아닌 것으로 알아 상을
취하지 않는 것도 상이다. 상에 집착하는 것도 상이요, 상을
여의었다고 하는 것도 상이다. 어떤 것이 상을 취하지 않고,
여여(如如)하여 동(動)하지 않는 것인가. 본래 무일물(無一

物)이요, 본래 한 물건(物件)도 없는 법이니, 그러므로 한 물건도 취하지 않고, 한 물건도 버리시 않는 것이 상을 본래 취하지 않는 것이 된다. 취하지 않으려는 생각으로 취하지 않는 것이 아니요, 버리지 않으려는 생각으로 버리지 않는 것이 아니라, 본래(本來) 그 자리가 그러하니 행(行)하는 것도 그 자리와 같이 그렇게 행하라는 말씀이다.

何以故 一切有爲法 如夢幻泡影 如露亦如電 應作如是觀
하이고 일체유위법 여몽환포영 여로역여전 응작여시관

어찌한 연고이냐. 일체 함이 있는 모든 법은, 꿈이요, 환상이요, 물거품이요, 그림자와 같으며, 아침이슬과 같고, 또한 번개와 같이 찰나(刹那)에 지나지 않으니, 응당(應當) 이와 같이 보고 이와 같은 생각을 지녀야 한다.

* 일체유위법(一切有爲法) 여몽환포영(如夢幻泡影) 여로역여전(如露亦如電) 응작여시관(應作如是觀)

이 마지막 대목이 『금강경』 일곱 번째 「사구게」이다.

일체 유의법은, 상이 있는 모든 법을 이르는 말이다, 상이 있는 모든 것들은 본래 실체(實體=영원한 생명)가 없는 것으로, 인연이 다하면 모두 지수화풍(地水火風)으로 돌아가는 것이니, 이 모두가 꿈이요, 환상이요, 물거품과 같은 것이고, 부처니 중생이니 모두가 그림자처럼 실체가 없고, 삶이란 아침이슬처럼 잠깐 머무는 것이고, 번갯불이 번쩍이는 것과 같이 찰나(刹那)에 지나지 않는다.

(육십 년 세월이 잠깐 스쳐가는 바람과 같은 것이니, 인생이 참으로 허망하기 그지없는 것이다.)

佛說是經已 長老須菩提 及諸比丘比丘尼 優婆塞優婆尼 一切
世間天人阿修羅 聞佛所說 皆大歡喜 信受奉行
불설시경이 장로수보리 급제비구비구니 우바새우바이 일체
세간천인아수라 문불소설 개대환희 신수봉행

부처님께서 이 경을 설하여 마치시니, 장로 수보리와 모든 비구, 비구니, 우바새, 우바이, 일체 세간(世間)의 하늘과 사람과 아수라 등이 부처님의 말씀하신 바를 듣고, 모두 크게 환희(歡喜)하여 믿어 지니고 받들어 행하였다.

* 부처님께서 『금강반야바라밀경』을 설하여 마치시니, 장로 수보리를 비롯하여, 모든 비구, 비구니, 우바새, 우바이와 일체 세간의 천인 아수라들이 부처님의 아뇩다라삼먁삼보리 법을 듣고 모두 기뻐하여 불퇴전(不退轉)의 원력(願力)으로 믿어 지니고 받들어 행(行)하다.

마하반야바라밀

금강반야바라밀경 강설

발행일 초판 1쇄 2022년 2월 15일
역주자 정덕
펴낸이 김종만 · 고진숙
펴낸곳 도서출판 문화문고
책임편집 김종만
표지디자인 디노디자인
CTP출력 · 인쇄 천일문화사
제본 영글문화사
물류 문화유통북스
출판등록 제300-2004-89호(2005년 5월 17일)
주소 03020 서울시 종로구 자하문로 41길 6 가동 102호
전화 02-379-8883
팩스 02-379-8874
이메일 mbook2004@naver.com

ISBN 978-89-7744-052-4   03220